21世紀の教養を創るアメリカの
リベラル・アーツ教育

ハーバード大学は「音楽」で人を育てる

菅野 恵理子［著］

Sugano Eriko

ARTES

はじめに

人間は古代から、自らの感情や情愛、信仰や思想、自然、美などさまざまな概念を音として発露し、それらは音楽として脈々と受け継がれてきた。中世においても近現代においても、時代によって表現方法こそ異なるが、そこに表現されている人間の本質はほとんど変わらないのではないだろうか。だからわたしたちは直感的に、音楽に共鳴し、作曲家の生きざまに共感し、誰かと感動を共有してみたいと思うのだろう。音楽を学ぶとは、人間が受け継いできた知や情に、音をとおして触れるということ。音楽は人間が何千年もかけて培《つちか》ってきた英知の集合体であり、ひとつの教養体系ともいえる。

アメリカの多くの大学には、音楽学科や音楽学校が存在する。そして音楽専攻でない学生でも受講できる音楽科目が幅広く開講されている。専門的に学ぶ者から基礎教養として学ぶ者まで、一校につき数千人規模の学生が音楽を学んでいるそうだ。彼らはどのようなカリキュラムにもとづいて学んでいるのだろうか？　大学における音楽科目の位置づけとは？　音楽は社会の中でどのように受けとめられているのか？　二一世紀における音楽教育の可能性は？

本書の第1章「音楽〈も〉学ぶ」では、音楽が教養科目として大学の中でどのように学ばれているのか、第2章「音楽〈を〉学ぶ」では音楽主専攻の学生のカリキュラムについて、第3章「音楽を〈広げる〉」では大学と社会のつながりとそこから生まれる創造的研究について述べる。第4章「音楽はいつから〈知〉の対象になったのか」では、古代ギリシア＝ローマ時代から近代にいたるまでの音楽教育の歴史を振り返り、第5章「音楽〈で〉学ぶ」では二一世紀に戻って、基礎教養としての音楽の最新事例に触れてみたい。

ハーバード大学は「音楽」で人を育てる

目次

第3章　音楽を〈広げる〉——社会の中での大学院の新しい使命

第4章　音楽はいつから〈知〉の対象になったのか——音楽の教養教育の歴史

コラム

インタヴュー

第１章

音楽〈も〉学ぶ

———— 教養としての音楽教育

音楽はいつから大学の中にあったのか？

スタンフォード大学の広大なキャンパスを歩いていると、ふとロダンの彫刻が目に入ってくる。二〇一三年に新設されたコンサート・ホールも、緑豊かな風景になじんでいる。イェール大学では楽器ケースを持った学生たちが談笑しながら構内を闊歩《かっぽ》し、自然に各学生寮へと散っていった。マサチューセッツ工科大学（以下ＭＩＴ）の廊下からガラス越しに研究設備を眺めていると、どこからともなくピアノやヴァイオリンの音が聞こえてくる。正門前では四人のアンサンブル・グループが集まって演奏を始め、学生たちは耳を傾けつつ、笑顔で通り過ぎていく。そしてハーバード大学キャンパス内にある大学創建時を彷彿とさせるコンサート・ホールでは、バッハやヘンデルの楽曲などが今日も近隣の聴衆も楽しませている――。

アメリカの大学の中では日常的にこうした光景を目にする。音楽や芸術がある日常。たんなるクラブ活動ではなく、音楽が単位として正式に認定され、大学に音楽学科あるいは音楽学校が併設されていることも多い。そして、音楽を本格的に勉強する学生だけでなく、すべての学生が一般教養として音楽を学べるようになっている。しかも何百人、何千人規模で……。

音楽はいつから大学の中にあったのだろうか。

アメリカにおける大学の歴史は約三八〇年だが、音楽学科の歴史は約一五〇年と比較的浅い。全米最古の高等教育機関であるハーバード大学は一六三六年に創立されているが、音楽学科設立はそれから約二二〇年後である。イエール大学の音楽学科は創立から約一九〇年後、MITの音楽学科は創立から約一〇〇年後、カリフォルニア大学バークレー校の音楽学科は創立から約五〇年後、スタンフォード大学の音楽学科も約五〇年後である。

それでは、音楽がどのようにして学生生活の一部になっていったのだろうか?

ハーバード大学では、創立当初から、教会の礼拝や各カレッジの催し物で聖歌隊が合唱するなど、大学の中に音楽がたしかに存在していた。しかし楽器演奏の機会がなかったため、一八〇八年に何名かの学生が集まってピエリアン・ソダリティーとよばれる小さな室内楽団をつくり、それが現在のハーバード＝ラドクリフ・オーケストラに発展した。音楽学科は一八五五年に設立されている。

イェール大学では一八九〇年に音楽学科が設立されているが、その前から大学内において教会音楽と聖歌隊への合唱指導などがおこなわれていた。またスタンフォード大学の音楽学科設立は一九四七年であるが、大学創立当初より、キャンパス内礼拝堂で教会音楽の演奏がおこなわれていた。大学によって違いはあるが、三校とも創立時から教会で音楽活動がおこなわれていた。教会音楽をはじめ、学内でおこなわれる公的・私的な演奏活動が音楽学科設立に少なからず寄与したと推察される。

かつては職業訓練学校ともいわれたＭＩＴでも、人文・社会科学の重要性が大学創立当初から提唱され、一九三〇年代に人文学類（のちに学部）が創立された。一九八〇年代後半から芸術科目が増え、今世紀に入って「人文学・芸術・社会科学部」へと名称変更されている。近年になって、芸術重視の傾向が加速してきたようだ。これらはほんの一例だが、各大学において人文学の重要性が高まり、その中に音楽や芸術が組み込まれていくようになった。

二一世紀のいま、アメリカの大学はふたたび音楽を学ぶ意義をとらえなおしているようだ。専門的に音楽を学ぶだけでなく、教養として音楽を学ぶことも含め、「音楽を学ぶとは何か」「芸術に触れるとは何か」「芸術をとおして何を学べるのか」を問いかけ、カリキュラムに反映しているのである。音楽のもつ潜在価値をいかに引き出し、豊かな人格形成や人間理解に役立てるのか。「音楽を学ぶ」とひと

マサチューセッツ工科大学（MIT）のキャンパス内で演奏する学生たち

ことで言っても、大学によって位置づけもカリキュラムの組み方も違う。そこに大学の人間観や教育理念が投影されていて興味深い。多くの工夫と努力が払われた結果、音楽や芸術の存在価値はいままで以上に高まっているといえるだろう。

次節では「基礎教養としての音楽」という観点から、五つの大学における事例を紹介する。いずれも世界大学ランキング（QS World University Ranking）上位校である（批評論文、調査分析法、外国語学習など、スタディー・スキルにかんする必修科目はここでは省く）。

ハーバード、スタンフォード、ニューヨーク大学
――各大学で一〇〇〇人以上が音楽を履修

音楽で「多様な価値観を理解する力」を育む――ハーバード大学

全米最古の大学であるハーバード大学は、多くの学術分野においてカリキュラム編成の先駆的役割をはたしてきた。音楽学科が設立されたのも全米でもっとも早く、一八五五年のことである。そしてこれがモデルとなり、以後アメリカの大学に音楽学科や音楽学校が設立されるようになった。現在同大では一般教養科目として、どの学生も音楽を学べるようになっている。

ハーバード大学の一般教養科目は次の八カテゴリに大別されている。毎学期（一セメスター）に最低一科目を履修し、卒業時までにすべてを履修しなければならない。

- 美学的・解釈的理解（Aesthetic and Interpretive Understanding）
- 文化と信念（Culture and Belief）
- 経験的・数学的思考（Empirical and Mathematical Reasoning）
- 倫理的思考（Ethical Reasoning）
- 生体系の科学（Science of Living Systems）
- 物理的宇宙の科学（Science of the Physical Universe）
- 世界の諸社会（Societies of the World）
- 世界の中のアメリカ合衆国（United States in the World）

この中で「美学的・解釈的理解」カテゴリに、芸術関連科目が含まれている。このカテゴリの目的は、文学、絵画、彫刻、建築、音楽、映画、舞踊、宗教、装飾などの文化的表現を、理論的かつ批判的に解釈し、芸術の世界と知的にかかわり合うことである。理論学習だけでなく、美術館鑑賞、パフォーマンスの実践、学芸員、芸術家、プロデューサーなどとの対話や協同作業をとおして、実践的な創造活動にも携わる。

その中で音楽科目も幅広く開講され、たとえば「初日——五つの世界初演」「アメリカのミュージカルとアメリカ文化」「アフリカとアフリカ系アメリカ研究——ジャズ、自由、文化」「文化と信仰——音楽、討論、イスラム」「西洋音楽入門——中世からモーツァルトまで」「西洋音楽入門——ベートーヴェンから今日まで」「調性音楽の基礎」「南インドの音楽」「音楽、心、脳」などがある。音楽理論、音楽学、民族音楽学、音楽心理学などまで、領域は幅広い。

この中から「初日——五つの世界初演(First Nights: Five Performance Premieres)」に着目してみたい。授業を担当するトマス・ケリー教授は、学生たちが「傍観者としてではなく、当事者として音楽にかかわること」をめざしている。授業では以下五作品の世界初演をとりあげる。

・モンテヴェルディ《オルフェオ》(一六〇七、マントヴァ)
・ヘンデル《メサイア》(一七四二、ダブリン)

・ベートーヴェン交響曲第九番（一八二四、ウィーン）
・ベルリオーズ《幻想交響曲》（一八三〇、パリ）
・ストラヴィンスキー《春の祭典》（一九一三、パリ）

いずれもその革新性が世の人々を驚嘆させたとともに、新しい時代を切り拓《ひら》くきっかけとなった音楽である。当時の新聞記事や評論、書簡、日記、絵画などの資料に目を通しながら、批評的な音楽の聴き方を学ぶとともに、自分もその場に居合わせて世界初演を聴いたような疑似体験ができるのだ。

さらにこのコースのために毎年作曲家に新作を委嘱し、その世界初演を聴いて一年の授業が締めくくられる。リハーサル見学や作曲家との質疑応答もあり、鑑賞後はリポートが課せられる。一九九五年から毎年一名に委嘱しており、《Lemon Drops》《Lost Cities》《As the Wind Moves Through the Harp》など、タイトルから曲想が浮かぶような標題音楽も多い。二〇一一年に委嘱されて《Music for Mike》を書いたマシュー・オーコワンはハーバード大学音楽学科を卒業し、在学中から作曲、指揮、ピアノで活躍するほか、詩人としての才覚も発揮している若手音楽家である。卒業後は最年少でニューヨーク・メトロポリタン・オペラの副指揮者となったほか、オペラなどの分野での作曲活動も活発におこなっている。また二〇一三年度委嘱作品は、やはり同校卒業生のリック・バークハートによる《TED》と題したピアノとヴァイオリンのためのデュオ（正式名称は「喋《しゃべ》るヴァイオリニストと喋るピアニストのための《TED》」）で、TEDトーク（TEDはカリフォルニア州ロングビーチで開催される講演会「TEDカンファレンス」を主催するグループのこと）と架空の民謡を組み合わせたもの。まさにいまの時代を反映したコンセプトの作品である。

世界初演に焦点を当てることによって、音楽史の重要な転換点について学びながら、はじめて聴く音楽や新しい概念をどう受けとめるかという洞察力も鍛えられる。

音楽で「人間の思想力」を学ぶ――コロンビア大学では全員必修？

一七五四年創立のコロンビア大学では、一九世紀後半より全学必修科目の内容がいくどとなく見直されて今日にいたる。第一次世界大戦直後の一九一九年から、戦争と平和について学ぶ「現代文明講座」コースが始まり、一九三七年に「文学人文学」、一九四七年に「音楽人文学」と「美術人文学」が、一九九〇年には「グローバル必修科目」、二〇〇四年には「科学のフロンティア」が加わった。

「音楽人文学」とは西洋音楽史を学びながら、さまざまな音楽の語彙《ごい》や語法を解釈し、西洋の作曲家や音楽家の思想や芸術観について考える授業である。全学共通科目として学生全員が学ぶもので、複数の教授や講師が担当している（一クラス二五名）。授業は教室で講義や音楽を聴くだけでなく、ニューヨーク市内のコンサート・ホールで生の音楽を聴き、それについてディスカッションしたり批評文を書く。レパートリーは中世・ルネサンスから現代まで網羅し、扱う楽曲はジョスカン・デ・プレ、モンテヴェルディ、バッハ、ヘンデル、モーツァルト、ハイドン、ベートーヴェン、ワーグナー、シェーンベルク、ストラヴィンスキーなど。二〇〇四年からはルイ・アームストロング、デューク・エリントンなどのジャズ作品も加わった。コンセプトは「思想や感覚の反映としての音楽」。音楽史を「音楽人文学」という枠組みで学ぶことは、音楽に表現されている人の思想や発想力を学ぶことなのである。

音楽、美術、文学を人文学として学ぶ意図は？

音楽以外の全学必修科目でも、おもに西洋思想とその表現を学ぶ。必読書には古典が多い。例を挙げると、「現代文明」はプラトン、アリストテレス、マキャヴェッリ、デカルト、カント、ニーチェなどの哲学書が並ぶ。「文学人文学」はホメロス、ダンテ、モンテーニュ、シェイクスピア、ドストエフスキー、旧約・新約聖書など。「美術人文学」はラファエッロ、ミケランジェロ、ブリューゲル、レンブラント、モネ、ピカソ、ル・コルビュジエ、ウォーホルなどで、ニューヨーク市内の美術館で授業がおこなわれることもある。

西洋伝統思想を中心とした人文学科目のほか、一九九〇年に始まった「グローバル必修科目」ではアメリカ、アフリカ、アジア、中近東などの文化や歴史をつうじて異文化理解を深めるもので、文化人類学、歴史学、経済学、社会学、宗教学、地域研究、エスニック・スタディーなどの分野から二科目を選択する。その中に民族音楽も含まれ、「サルサ、ソカ、レゲエ——カリブの音楽」「東アジアと東南アジアの音楽入門」「インドと西アジアの音楽入門」「音楽聴取と異文化理解」が開講されている。

これらの全学必修科目は、世界で起こるさまざまな事象について観察、分析、議論、比較をおこなったり、異なる思想を尊重することを学び、複雑で変化の激しい今日の社会において、教養人(intelligent citizen)として生きるための素地を作ることをめざしている。レクチャーやセミナーは二十数名の小グループでのディスカッション形式でおこなわれ、教授との積極的な対話がなされる。現在は、グローバル必修が六単位、文学人文学、現代文明講座、科学のフロンティアが各四単位、音楽人文学、美術人文学が各三単位、という配分である。

音楽で「歴史をとらえる力」を学ぶ――ニューヨーク大学

ニューヨーク大学では全学生が必修科目を二年間履修したのち、三年次より主専攻に分かれる。全学必修科目は次の科目で構成される。また授業をとおして、論文作成、ディスカッション、プレゼンテーション、リサーチの方法論なども身につける。

・文化の基礎(Cultural Foundations I-III、一二単位)

・社会の基礎（Social Foundations Ⅰ–Ⅲ、一二単位）
・科学（八単位）

一年次の必修科目である「文化の基礎」では文学、ヴィジュアル・アート、パフォーミング・アート、音楽に、「社会の基礎」では哲学、宗教、政治、社会、歴史に焦点を当てながら、古代から現代までの歴史的作品をつうじて世界の文化史を学ぶ。

「文化の基礎」では古代から現代までを三つに区分し、ⅠとⅡを一年次に、Ⅲを二年次に学ぶ。Ⅰでは人類の起源から古代文明、ローマ帝国までを対象とし、人間と社会がどのように形成され、それが音楽や芸術作品にどう反映されてきたのか、また神、英雄、美、愛といったテーマが各国の芸術や文学にどう描かれていたのかなどを理解する。Ⅱではイスラム社会の起源から一八世紀の帝国主義時代までの芸術・文学作品などを対象に、いかに国や地域が相互に影響を受けながら文化を発展させ多様化させていったのか、文化の自己主張と対立について学ぶ。Ⅲでは一七世紀後半から第二次世界大戦後までを対象とし、「現代」という概念がどのように芸術をかたちづくっていったのか、あるいは芸術によっていかに「現代」という概念が築き上げられたのかを検証する。また工業化や都市化、政治的イデオロギーの対立、解放への闘争、そして思想、言語、ジェンダーの再定義などが世界に大きな影響をおよぼしたことをふまえ、芸術をとおして真のグローバリゼーションとは何かを問う（公式ホームページの記載による）。

音楽史や芸術史をその分野だけで括《くく》ってしまうのではなく、人間社会と芸術表現が時代によってどう変化してきたのか、また相互にどう影響をおよぼしたのかを読み解く社会学的視点がきわだつ。古代イスラムやアジア圏の動きにも着目しており、現代社会を理解するうえでも有意義なアプローチである。これはスタンフォード大学の基礎教養科目（第5章を参照）にも通じる。

音楽で「創造的な思考力」を高める——マサチューセッツ工科大学

マサチューセッツ工科大学（ＭＩＴ）は科学系の大学であるが、人文学や芸術にも力を入れている。同じボストン市内にあるハーバード大学との提携プログラムも多い。

MITの強みは科学技術界のために創造性とイノベーションを育むだけでなく、科学や技術が生まれる土壌、すなわち社会文化環境をより豊かにしていくフロンティア的存在でもある。世界の難題に立ち向かうには技術や科学的創造力に加え、文化・政治・経済活動を営む人間そのものの複雑さに対する理解が必要である。〔中略〕人文・芸術・社会科学の学びをとおして培われる文化的・歴史的視点、創造力、判断力、コミュニケーション力、批判的思考力が、イノベーションを生み、知性あふれる人間を生み出すのである。

（二〇一三／二〇一四年度の大学公報 *School of Humanities, Arts, and Social Sciences* より）

この考え方をふまえ、現在全学必修科目として次のカテゴリが課されている。優秀な科学者を生み出すには、その基礎となる健全な肉体と思考を鍛練しなければならない、という考えが反映されたカリキュラムだ。

・科学
・科学テクノロジー

・ラボ
・コミュニケーション科目
・人文・芸術・社会学
・運動・身体教育

そのひとつが、「人文・芸術・社会学」である。六〇〇ほどある開講科目から八科目を選択するが、集中的に学ぶ分野を必ずひとつ選択しなくてはならない（三、四科目ぶんに相当。その他は自由選択）。たとえば音楽を選択した場合、四セメスターぶんの単位を取ると音楽専修（Music Concentrator）となる。学士号取得必要単位数の八分の一程度を占める場合もある（音楽主専攻〔Music Major〕とは区別される）。

現在約二〇〇〇名が音楽科目を選択し、そのうち約二〇〇名が音楽専修だそうだ。彼らの多くは他学科主専攻だが（機械工学、数学、コンピュータ・サイエンスなど）、歌、楽器演奏、室内楽といったパフォーマンスへの関心も高いという。

音楽科目の一例を挙げると、「西洋音楽史入門」「音楽、文学、文化における超自然」「音楽の基礎」「古楽」「モンテヴェルディからモーツァルトまで——一六〇〇〜一八〇〇年」「ベートーヴェンからマーラーまで——一八〇〇〜一九一〇年」「ストラヴィンスキーから今日まで」「協奏曲と交響曲」「オペラ」「アメリカの音楽」「ジャズ」「世界のポピュラー音楽」「インドの音楽」「作曲」「和声と対位法」「調性音楽の記譜法」「二〇世紀音楽の作曲技法」「ジャズのハーモニーとアレンジ」「即興」「電子音楽の作曲」など、じつに多彩である。

また演奏実技クラスも充実しており、約五〇〇名が受講している。聖歌隊、室内合唱団、MITシンフォニー・オーケストラ、吹奏楽、祝祭ジャズ・アンサンブル、室内楽ソサエティー、バリのガムラン、セネガル太鼓アンサンブルなどがある（要オーディション）。楽器の個人レッスンもあり、一定水準以上の演奏技能が認められてかつ本人が希望する場合は、アドヴァンス・コースを受けることもできる。週一回のレッスン、演奏セミナーへの定期的出席、音楽学科認定のパフォーマンス・グループへの参加など、年間を通じての課題は多い。さらに上級者には、五〇分間のソロ・リサイタルの準備をおこなうコースもある。

実際の授業は？

ＭＩＴの定義によれば、芸術科目の役割は「批判的・歴史的解釈だけでなく、リズム、テクスチャー、ラインなどをもちいた表現能力や技術を高めること」である。理論と実践が融合した、能動的な芸術とのかかわりが見える。

現在音楽専修生二〇〇名のアドヴァイザーを担当しているエミリー・ポロック教授によれば、教養科目として音楽史を学んでいる学生は楽器の演奏も得意であることが多く、さらに作曲された時代や文化的背景を学ぼうという意識も高いそうだ。現在担当している西洋音楽史入門クラスは平均四〇〜五〇人で、毎週講堂での講義九〇分＋小グループ・セッション六〇分の二本立てで進められる。グループ・セッションでは三つのグループに分かれて個別にディスカッションがおこなわれるが、音楽経験年数は問われず、まったくの初心者でも履修できる。経験者とともにディスカッションするなかで、学ぶことも多いだろう。一学期で三本の小論文（一五〇〇〜二四〇〇語）が課され、学期末に試験がおこなわれる。では、授業はどのように進められるのだろうか。

楽曲の時代背景とその意味を理解してもらうようにしています。たとえばオペラであれば、舞台演出が時代によってどう変遷してきたのか、交響曲であればその楽曲が時代によってどのように聴取されたのか、などをテーマにしています。また伝統的な音楽様式や楽曲形式といった抽象的な概念も扱います。音楽経験の少ない学生には、音楽がどのように感情、イメージ、事象、記憶を伝えているかを話し、それを彼らなりにヴィジュアル・アートやストーリーテリングに生かしてもらいます。具体的にはテクストのある歌劇や歌曲［シューベルト《魔王》など］、ストーリー性のある標題音楽［ヴィヴァルディ《四季》、ベルリオーズ《幻想交響曲》などの交響曲や器楽曲］をとりあげることが多いですね。フーガやソナタ形式などの抽象的な音楽にもテンションやコントラストがあり、それが全体としてストーリーをなしています。和声にかんする専門用語などはなるべくもちいずに説明するようにしています。あるていど音楽経験のある学生は、音楽学の研究リポートや論文を読み、自分のプロジェクトに取り組んでもらいます。たとえば交響曲のクラスでは、アメリカの交響楽団の比較研究をした学生がいました。

このように、いまでこそ音楽を含む芸術や人文学に力を入れているＭＩＴであるが、ここにいたるまで半世紀以上かかっている。一九三〇年代にはじめて人文学学類（Division of Humanities）が設置され、国語・歴史・経済のほか、社会学、政治・行政、国際関係、法律、哲学、心理、文学、音楽、美術などを教えるようになった。一九五〇年代の人文学部創設にともなって科学・工学と人文を合わせた学位が授与されるようになり、さらに史学科（一九六〇年）、哲学科（一九六一年）、音楽学科（一九六一年）、文学科（一九六二年）などの学科がつぎつぎに新設された。一九七〇年代には人文・社会科学中心であった一、二年次の教養科目が廃止され、人文学・芸術・社会科学三科目において、より深い学びができるよう対象領域と選択方法が改変された。この伝統が現在につながっており、二〇〇〇年代には学部名称が「人文学・社会科学部」から「人文学・芸術・社会科学部」に変更された。今後さらに芸術の貢献度が高まっていくことが予想される（詳しくは第5章を参照）。

エミリー・ポロック教授

ポロック教授自身は、国際バカロレア認定高校を卒業後、ハーバード大学および同大学院で音楽を学んだ。大学一、二年次は音楽と社会文化人類学を中心に学んでいたが、二年次のチュートリアルが転機となって西洋音楽史とオペラ史に興味をもち、けっきょくそのまま学士号（音楽専攻。BA concentration in music）を取得した。なかでも、大学二年次に受けた音楽史の授業はとくに印象に残っているという。

音楽史の講義も興味深いものでしたが、やはり五、六人でのグループ・セッションはひじょうに中身が濃かったですね。本をたくさん読み、膨大な曲目を勉強したのをおぼえています。二冊の本を主要教材として、その他研究論文にも多く目を通して、批評や議論をしました。毎週短い論文を提出し、長い論文を年に二本書きました。一年間で西洋音楽史すべてを網羅的に学び、それこそオーケストラ［ハーバード・ラドクリフ・オーケストラに所属］でオーボエを弾いていただけでは知りえない幅広いレパートリーを知ることができました。講師は当時ハーバード大学博士課程にいたジェシー・ロディン先生［現スタンフォード大学教授］です。学生に高いレヴェルを求める厳しい先生でしたが、とても親身に指導してくださいました。

その後、大学院の修士課程、博士課程もハーバードで学び続けた。音楽学の博士論文執筆にあたっては、教授のメンターシップや大学内の研究施設や学術資料などに自由にアクセスでき、恵まれた環境だったと振り返る。そうした経験がいますべて生きている。そして当時もいまも、オーボエは〝自分の一部〟だそうだ。

音楽で「真理に迫る質問力」を高める――スタンフォード大学

スタンフォード大学はサンフランシスコから電車で約四〇分の郊外にある。ヤシの木が生い茂る緑豊かなキャンパスは新宿よりも広く、どこへ行くにも自転車や車が必要なほどだ。キャンパスにはコンサート・ホールや美術館などもあり、芸術的環境が整えられている。ここでは教養科目として音楽を履修する学生が一〇〇〇名以上いるという。

同大では教養科目の充実をはかるため二〇一三年にカリキュラム再編をおこなった。現在は以下のとおりである。

・一年次教養科目「Thinking Matters」
・一〜四年次教養科目「Ways of Thinking / Ways of Doing」
・外国語
・ライティングと修辞学

＊その他、教養を養うためのレジデンシャル・プログラムとして下記三分野がある。
・芸術分野「芸術へのイマージョン（Immersion in the Arts: Living in Culture）」
・人文分野「リベラル教育（Structured Liberal Education）」
・科学分野「発達する科学――統合学習環境（Science in the Making Integrated Learning Environment）」

音楽は教養科目として幅広く開講されており、楽器演奏、作曲、音楽理論、アンサンブル・合唱など、演奏実技をともなう科目も多い。同大にはアンサンブル・グループだけでも、合唱、オーケストラや室内楽アンサンブル、ジャズ・アンサンブル、教授陣で構成されるアンサンブルなどがあり、これらの多くは単位認定されている。その他にも、和太鼓アンサンブル、ラップトップ・オーケストラやモバイルフォン・オーケストラなどがあり、ＩＴ起業家を多く輩出しているスタンフォードらしさが感じられる。

キャンパス内の音楽活動も盛んで、年間一五〇以上のコンサートが開催されており、ビング・コンサート・ホール（八四四席）も二〇一三年一月に完成したばかり。とくにコンサート・ホール新設事業は「未来のリーダーシップ養成プロジェクト」（二〇〇六〜一〇年）の一環で実施され、音楽や芸術が人間形成に重要な役割をはたすものとして期待されている。そして教養科目としての音楽も、「知識を学ぶ」というよりも、「自ら考え、創造する」というアウトプットを重視した内容になっている。詳しくは第5章で述べる。

五大学の基礎教養から見えること

アメリカの大学では一、二年次までが教養課程、三年次から専門課程に分かれる。教養課程で学ばれる必修科目が、その大学が定義する基礎教養と考えてよいだろう。じつはハーバード大やスタンフォード大など、この数年で教養課程のカリキュラムを大幅に改変した大学もある。いわば基礎教養の定義は、変わりゆく現代社会のあり方を如実に反映しているのである。

ここに挙げたハーバード大学、ニューヨーク大学、コロンビア大学、スタンフォード大学では、学士号に必要な単位の約三分の一が全学必修科目に与えられている。それぞれジェネラル・エデュケーションやコア・プログラムなど名称は異なり、教養の定義や授業内容も異なるが、いくつかの共通点も見られる。

ここで、五大学の基礎教養科目から見えることを、五つのポイントにまとめた(批評論文、調査分析法、外国語学習など、スタディー・スキルにかんする必修科目はここでは省く)。

○ 教授と学生の対話、実践的課題を重視する授業形式

まず、授業がレクチャー+セミナー(チュートリアル)の二段階である点は共通している。レクチャーは数十人以上の講義になることが多く、セミナーは十数人から二十数名の少人数で、いくつかのグループに分かれてのディスカッションやプレゼンテーションなどがおこなわれる。セミナーは講師や博士課程の学生が主導することも多い。

○ 音楽の「何を」「どのように」学ぶのか？

音楽や芸術科目がどの分野に分類されているのかは、大学によって異なる。「どの視点から、何を学んでもらうのか」が違うということだ。たとえば音楽を学ぶといっても、音楽理論や音楽史を学ぶのか、音楽の鑑賞法を学ぶのか、音楽をとおして歴史を学ぶのか、音楽をとおして世界を知るのか、音楽をとおして思考力を鍛えるのか、その切り口はさまざまだ。授業で扱われる教材にも各大学や教授のこだわりが見える。音楽科目が属するカテゴリは次のとおり。

コロンビア大学　音楽人文学　→　音楽
グローバル必修　→　音楽
MIT　人文・芸術・社会学　→　音楽
ニューヨーク大学　文化の基礎　→　音楽
ハーバード大学　美学的・解釈的理解　→　音楽

スタンフォード大学　美学的・解釈的探究　↓　音楽
創造的表現　↓　音楽

面白い切り口としては、前述（016頁）のハーバード大学「初日――五つの世界初演」では、モンテヴェルディからストラヴィンスキーまでの五作品を取り上げ、当時の聴衆がどのように受けとめたのか、当時の評論記事や書簡などの一次資料に目を通しながら考える。そして自分たちも新曲の世界初演を聴き、「未知の音との遭遇」に立ち会う。作曲家の大胆な発想力や繊細な表現力に驚く人もいるだろうし、芸術とは既成概念を打破し、自分の感覚や知覚を大きく広げてくれるものであることを実感した人もいただろう。

またニューヨーク大学では芸術という観点から、古代から現代までの世界のなりたちを眺める。芸術と社会のつながりを強く意識させられるアプローチである。そしてスタンフォード大学では音楽、映画、絵画、彫刻、文学などあらゆる芸術作品を横断的に見渡しながら、「人はなぜそのように考え、表現したのか」「それが社会にどのような影響を与えたのか」という社会学的かつ哲学的な視点で学ぶ。

○ 音楽を、自分の専攻分野とどうつなげるのか?

どの大学でも基礎教養課程には、音楽専攻生だけでなく、他学科生も多くいる。なかには音楽をまったく弾いたことも、聴いたこともないという初心者もいる。それでも音楽に興味をもって履修する学生があとを絶たないそうだ。

音楽そのものの魅力もさることながら、音楽を学びながら他の学科にも応用できるようなアプローチもかいま見える。たとえばMITでは「音楽がいかに思考や感情を伝えるものか」「音楽からどのようなストーリーがみいだせるのか」を学び、それをストーリーテリングの技法として応用してもらう。ストーリーをとおして相手に効果的に情報を伝えることは、いまどの分野でも求められている。

○ 音楽を、現代に生きる自分とどうつなげるのか?

基礎教養として学ばれる古典作品には、自然や人間のあらゆる智慧や思考、感情、体験の歴史が、結晶となって宿っている。ではそれをどのように「いま」に結びつけるのか。過去の叡智《えいち》を、いまを生きる自分の心身をとおして追体験するのである。その結びつける力が真の教養となる。

ここで注目したいのは、どのように「知識」を「知力」に変えていけるかである。静から動への展開、といってもよいだろうか。時代を経て淘汰されてきた芸術作品からそのエッセンスを読み取り、生かしてこそ、はじめて知識が知力となる。

たとえばいま自分の目の前で起こっていること、身のまわりで起こっていることに対して、自分がどう向き合うのか。そのヒントを授けてくれるのが知識であり、それを生かして対象とかかわっていくことが知力だとすれば、その展開のプロセスには「体験」が有意義である。その点で、スタンフォード大学とハーバード大のアプローチはとくに興味深い。対象に対して能動的に問いかけたり、自分ならばどうするだろうかと考え、それを実践してみる、いわばアクティヴ・ラーニングを重視している。

○　科目のボーダーラインを超えて、音楽を学際的に学ぶ

ハーバード大学では二〇〇九年に基礎教養科目が大幅再編されたが、従来の人文科学、社会科学、工学……といった「科目別」ではなく、科目をまたいだ「方法論」に分けられているのが特徴だ。知識を

獲得する技術を学ぶのではなく、得た知識を実践することを前提として、倫理観を養うことに主眼がおかれている。スタンフォード大学も同じような意図で、「方法論」に分類されている。だからこそ、分野をまたいだ学際的なアプローチが可能になる。詳しくは第5章で述べたい。

大学入学時にも重視される芸術活動

アメリカの一般通念として、楽器を習っていること、音楽を学んでいることは、大学入学時や一般企業に就職するさいにも考慮されるという。実際にスタンフォード大学やプリンストン大学では、願書やエッセイとともに、芸術にかんする補足資料を提出することができる（056頁のコラムを参照）。

フェニックス・ユース・シンフォニー音楽監督を務めていた原田慶太楼《けいたろう》氏（シンシナティ交響楽団アソシエイト・コンダクター、アリゾナ・オペラ・アソシエイト・コンダクター、リッチモンド交響楽団アソシエイト・コンダクター）は、毎年大学進学希望者に推薦状を一〇〇枚以上書くそうだ。学生一人ひとりの将来がかかっているため責任ある仕事だが、「なかなかたいへんな作業ですが、皆のためのに喜んで書いています」と語る。

アメリカでは大学のアドミッション・オフィスが学生一人ひとりの書類審査をするさい、学業成績表やＳＡＴ（Scholastic Assessment Test、大学進学適性試験）の点数だけでなく、推薦文、小論文、学校内外での活動状況、パーソナリティーまで精査する。推薦状は大学によってフォーマットがあり、質問項目として「この生徒を思い浮かべたときにいちばん最初に出てくる五つの言葉は何か？」「この生徒がリーダーシップをとるべき状況を経験したことがあるか、その状況とはどのようなものであったか？」「その子がトラブルに遭《あ》ったときにいちばんに話す人は誰か」などがある。それだけでなく、「フレンドリー」「やさしい」「親切」などの項目別に、１点から10点までで評価するものもあるという。この書類審査に合格すると、大学卒業生との一対一でのインタヴューが待っている。

原田さんは次のように述べる。

アドミッション・オフィサーは受験生が高校でどんな活動をしてきたかをチェックします。たとえば学級委員長や生徒会長をしていたか、成績はどのくらいか、クラブ活動では何をしていたか、リーダーシップや集中力があるか、など。オールラウンドの人間が望まれているので、課外活動をなにもせず勉強だけしていた高校生が難関大学に合格することはむずかしいですね。現在ユース・オーケストラの団員は四〇〇人前後いますが、音楽学校や音楽院に進むのはわずかで、アイヴィー・リーグを希望する子が多いです。実際に入学できるのは指揮者からの推薦状を持っている人がほとんどですね。

原田さんが推薦状を書いた生徒の中から、ハーバード大だけでも七名合格したそうだ。そのひとり、将来医者をめざすハーバード大学一年生ジェニファー・チャンさん(Jennifer Chiang)は、フルートとピアノが得意で、小学生のときにユース・オーケストラに入団し、そこで多くを学んだという。

ユース・オーケストラでは他の人と力を合わせるということを学びました。全員でひとつの音楽を創り上げるのが目的ですから、自分の役割を的確にこなすことが求められます。たとえば自分が伴奏の立場であれば、他の奏者や聴衆がメロディーをしっかり聴き取れるように音を控えめに出すとか。つねに自分の周りの人をよく聴くように努め、そしてときには自分の意見を恐れずに伝え、仲間の意見やアイディア、ときには批判も真剣に受けとめて考える習慣がつきました。音楽をより良いものに高めていくためには率直に意見交換することも必要です。勉強も同じですね。

いずれ大学のアカデミック・プロジェクトでグループを組んでひとつのテーマに取り組むことになりますが、良いチームメイトであるほど、目標に対してより大きなインパクトを与えることができると思います。誰の力も借りずにひとりで大きなことをなしとげるのはむずかしいことです。学ぶべきことはまだまだたくさんありますが、ユース・オーケストラでの経験は自分を音楽家として、生徒として、娘として、友人として、大人として成長させてくれたと思います。

チャンさんは現在はハーバード・ラドクリフ・オーケストラでフルートを担当している。

ハーバード大学生の一日

ハーバード大生はどのような学生生活を過ごしているのだろうか?

一、二年生は幅広い学問分野に触れて自分のもっとも好きな分野を見きわめ、専攻分野が決まったら卒業時までに履修すべき教養科目、必修科目がすべて取れるようにプランを立てる。この最初の二年によって、大学生活全体のクオリティーが決まるくらいの重要な時期である。

こちらは現在学部一年生のジェニファー・チャンさんの年間履修科目だ。

○ 秋学期(二〇一三~一四年)

・美学的・解釈的理解:文学的な中国を再創造する――いま、昔話を読みなおす
・外国語:日本語入門
・生命科学:生命科学入門――化学、分子生物学、セリウム

・数学：生命科学のためのモデリングと微分方程式
・音楽：ハーバード・ラドクリフ・オーケストラ

○ 春学期（二〇一三〜一四年）

・ライティング：ダーウィンの年代記
・外国語：日本語入門
・生命科学：生命科学入門―遺伝学、ゲノム科学、進化論
・自然科学：化学結合、エネルギー、反応性―自然科学入門
・音楽：ハーバード・ラドクリフ・オーケストラ

○ その他

・音楽と医療関連五団体でボランティア活動

ジェニファーさんは幼少時から両親が病気で苦しんでいたのを見て、将来は医者になりたい

ハーバード大生のジェニファー・チャンさん

と決意したそうだ。現在は医学部大学院進学をめざし、専攻に必要な科目を履修するかたわら、ハーバード・ラドクリフ・オーケストラ［*］でフルートを担当している。

全世界から優秀な学生が集まるハーバード大学で優秀な成績をとるのはむずかしく、こなさなければならない課題や読書も盛りだくさん。以前は睡眠時間を削って勉強していたこともあるそうだが、集中力を高めて生産性を上げるにはむしろ睡眠時間をじゅうぶんにとることが大事だと気づき、いまでは八時間睡眠を心がけている。

大学入学してまず気づいたのは、時間がなにより貴重ということです。ある研究者によれば、「時間がなによりも貴重だと理解している新入生は、より幸福感をもって有意義に日々を過ごすことができている」という統計が出たそうです。そこで自分の時間の使い方を見直し、いま何をやるべきなのか、どう過ごしたらもっとも価値や生産性が上がるのかなど、授業の予習復習や課題の優先順位などを考えるようになりました。授業では多くの課題が出され、事前に読まなければならない資料や本も多いので、漫然と勉強していると試験にも間に合いません。それに友人の宿題や勉強を手伝ったり、他人のために使う時間もたいせつにしています。医学部大学院に進学するためにはそうとうの勉強が必要なので、いっけん勉強漬けの毎日に見えるかもしれませんが、バランスの良さもだいじだと思っています。アメリカの大学では勉強以外の課外活動も重視されています。じっさい、大学のアドミッションが「バランスの良さ」や「多様な課外活動」を重視してくれたおかげで、高校時代に勉強以外のことにも打ち込むことができました。私は音楽に出会えてほんとうに幸運だと思います。

彼女はボランティア活動にも熱心で、なんと五つもの団体で活動している。音楽関連(地域の公立中学・高校に通う子どもに毎週一回楽器をレッスンするＨＡＲＭＯＮＹ(Harvard and Radcliffe Musical Outreach to Neighborhood Youth)、毎週末に地域の病院を訪問して演奏する音楽療法活動ＭＩＨＮＵＥＴ(Music in Hospitals and Nursing Homes Using Entertainment as Therapy)から、医療や社会関連(ホームレス・シェルター支援、腎臓病検査・発見プログラム、ボストンの病院で医療キャリア開発プログラム)まで多様だ。ハーバード大学生主導の団体も多く、ＨＡＲＭ

ONYではボランティア・メンバー研修や生徒とのマッチングも学生たち自らおこなう。ジェニファーさんは週一回地域コミュニティーの子どもにピアノを教えている。また医療関連のボランティアでは、素晴らしいメンターとの出会いをとおして、真のボランティア精神や医療のプロフェショナルとして働くことの意味を学んでいるそうだ。

将来は健康で、ものごとをよく知っていて、趣味や特技の多い人になりたいです。ですから身体のエクササイズ、勉強、フルート、ピアノ、歌の練習は欠かさないようにしています。それはすべて将来なりたい自分につながっています。

＊ ハーバード・ラドクリフ・オーケストラは大学の正式科目（要オーディション）で、単位を取るためには秋学期・春学期続けて履修する。継続履修もでき、二年間は単位換算される。現在フェデリコ・コルテーゼが指揮者を務め、年四回の演奏会以外に、キャンパス外での演奏会や、四年ごとに夏の演奏旅行がある。最近ではボストン子ども博物館でプロコフィエフ《ピーターと狼》を演奏したそうだ。

ジェニファーさんが所属しているボランティア・グループ、MIHNUET のブラック・タイ・コンサートにて

演奏実技も教養——パフォーマンスも単位に

前掲の大学以外にも、多くの大学では全学必修科目または選択科目として音楽が選択できる。そしてどの大学にも理論と実技の科目があり、キャンパス内のアンサンブル・グループやオーケストラのほとんどが単位認定されている。さらにオーケストラやマーチング・バンド、吹奏楽団などに所属する学生に対しての奨学金《しょうがくきん》授与、個人レッスンの単位化が進んでいる大学もある。

アイヴィー・リーグのひとつ、ペンシルヴェニア大学でもアンサンブル実技は全学生対象に開講されており、単位取得が可能である（吹奏楽、管弦楽団、バロックおよびリコーダー室内楽団、室内楽団、合唱団、聖歌隊、ジャズ、アラブ・アンサンブル、サンバ・アンサンブルなどがあり、入団するにはオーディションを受ける必要がある）。また「カレッジ・ハウス・ミュージックプログラム（College House Music Program）」では各楽器の個人レッスンが受けられ、二〇〇人以上が受講している（二〇一二年現在）。さらに音楽主専攻の学生には「ミュージック10プログラム（Music 10 Program）」という特別プログラムがあり、地元フィラデルフィア管弦楽団奏者などが指導にあたることもある。かつて個人レッスンは課外活動とみなされていたが、パフォーマンスの比重を増やす方針に変更され、二〇〇八年秋から単位認定されている。

パフォーマンスの増加傾向や単位認定化にはどんな意味があるのだろうか？　ペンシルヴェニア大学マイケル・ケトナー氏によれば、「アメリカ独立宣言起草委員のひとりで、大学の創立者でもあるベンジャミン・フランクリンは、「学校とは思想を生み出すだけでなく、それを実践する場である」と述べています。つまり、音楽もまた実践されるべきということではないでしょうか」。つまり理論と実践の両方がよいバランスで組み合わされることが理想とされているのである。

また全米最大規模のリベラル・アーツ・カレッジであるカリフォルニア大学（以下すべてバークレー校）にも、全学生対象に開講されているアンサンブル実技のクラスがある。コンテンポラリー即興アンサンブル、ゴスペル・コーラス、バロック・アンサンブル、コーラス、シンフォニー、吹奏楽、ジャワ・ガムラン、アフリカ系音楽アンサンブルなどである。同大音楽学科で民族音楽学の教鞭《きょうべん》をとるボニー・ウェイド教授は、「楽器を演奏することによって、音楽に深く入り込むことができます。ですから、音楽をつうじて自分の国や他の国を知ることにもなります」という。パフォーマンスをつうじて、その音楽がもつ文化的背景を身体で体験することができる。パフォーマンスも「知」なのである。

ドイツ語教師からピアニストへ

——ジョン・ナカマツ（ピアニスト）

ピアニストのジョン・ナカマツ氏はユニークなキャリアを築いている。一九九七年ヴァン・クライバーン国際ピアノ・コンクール優勝後、演奏家として世界中を駆けめぐっているが、じつは音楽院出身でも大学の音楽学科出身でもなく、スタンフォード大学および大学院でドイツ語を専攻し、高校でドイツ語を教えていた。そんな彼に、幼少時から受けてきた音楽教育や学生生活についてインタヴューした（二〇一二年度のアロハ国際ピアノ・フェスティヴァルにて）。

＊

——子どものころにどのような音楽教育を受けたのか、そしてなぜスタンフォード大学を選んだのかを教えていただけますか？

ピアノを始めたのは四歳のときで、プレスクールの先生がピアノを弾いていたのを見て「僕も弾きたい」と言ったのがきっかけです。両親は音楽家ではありませんでしたが音楽が好きで、さっそく私にトイ・ピアノを与えてくれました。それで一生懸命練習していたら、二年後にはピアノを買ってくれたのです。ちょうどそのころ父と同じ会社で働いていた同僚が、ピアノ教師である奥様を紹介してくれました。それがマリナ・デリベリー先生です。彼女が私に音楽のすべてを教えてくれました。音楽の基礎を教えてくれただけではなく、作曲、理論、和声、オーケストレーションなどについては、専門の先生を紹介してくれました。彼女はイラン出身なのですが、彼女が勉強していたテヘラン音楽院では当時ロシアやポーランドなどから来た素晴らしい先生がたくさん教えていたそうで、そこで受け継いだ伝統的な教育を私にも伝えてくれたのです。素晴らしい先生と出会えてほんとうに幸運だったと思います。

室内楽も早い段階で経験させてくれました。音楽をつうじて他の人とコミュニケーションをとることも大事ということで、声楽家や弦楽器奏者、他のピアノ奏者などと、あらゆる室内楽を経験することができました。幼いころから大人のような音楽環境を整えてくれたと思います。学生時代はずっと彼女に習っていましたので、大学では違うことを勉強しようと思ったわけです。

——幼少のころの音楽環境のたいせつさを実感します。進路選択のさい、音楽を専門としないことに迷いはありませんでしたか？

じつは音楽院進学も検討していましたし、いろいろな音楽家とも話をしましたが、「あなたにはすでにサポート体制がじゅうぶん整っているので、音楽院に行く必要がないのでは」というご意見もいただきました。そこで大学では一般科目を勉強することに決めました。それに自分自身も、音楽家をめざすべきかまだ判断がついていなかったのです。

——スタンフォード大学で学んだことを具体的に教えていただけますか？

スタンフォードではドイツ文学やドイツ言語学を学びました。クラシック音楽の重要なレパートリーにはドイツや中欧の作品が多いので、芸術観を深めるためにも役に立ったと思います。ドイツにも何度か旅行に行きました。主専攻はドイツ語でしたが、フランス語、ロシア語、イタリア語にも興味がありました。

学部では言語構造や言語教育について学び、教育学部の大学院(School of Education)では第二言語としてのドイツ語教育法を学び、それが最初の仕事につながりました。大学院卒業後六年間は、私立高等学校でドイツ語を教えていたんです。フルタイムの仕事でしたし、五つのクラスを受け持っていましたから、宿題の採点は家に持ち帰ってこなし、夜一〇時ごろからようやくピアノの練習を始めるといった毎日でした。私自身は自分が音楽家だという自負をもっていましたが、生徒は教師としての私しか知らなかったので、一九九七年にヴァン・クライバーン国際ピアノ・コンクールで優勝したときは、「何が起きたの??」という感じで驚いていましたね(笑)。

在職中は仕事が忙しくて練習できない日もありましたが、それでもレパートリーを少しずつ広げながら音楽の勉強を続けていました。マリナ先生は同じ曲を何度も弾き続けることに満足しませんでしたから。いまでも新しい曲を勉強し続けていますよ。

――大学卒業後、六年間も教職に就いていらしたのですね。ナカマツさんのコンクー

ル優勝を知ったときの生徒さんの驚いた様子が目に浮かびます。スタンフォード大学では、音楽家でない友人とも多く知り合ったことと思います。どのような刺激を受けられましたか。

スタンフォード大での学生生活はたいへん貴重な経験でした。世界中からトップクラスの学生が集まっていましたが、彼らは能力やモチベーションが高いうえ、つねに自分を高めようという意志が強いですね。卒業後、皆さまざまな分野ですぐれた能力を生かしています。友人のひとりはヴァイオリンがとてもうまいのですが、現在医者として活躍しています。スタンフォードで知り合った私の妻は化学の教師です。

私は自分の人生に音楽があることを誇りに思っていますが、音楽以外の世界をもつことも大事だと思います。世の中はほんとうに多様ですから。

――おっしゃるとおりですね。ところでナカマツさんご自身はアメリカ文化の中で育ち、イラン出身の先生に音楽を習い、ドイツ語を勉強し、日本（沖縄）のルーツをもち、そして現在は世界中のステージで演奏されています。ヴァラエティーに富むバックグラウンドですね。

ええ、でもアメリカではけっして珍しくないんですよ。日本やアジアの方々はみなさん同じだと思いますが、クラシック音楽はわれわれのものではありません。ですが、われわれのものにもなってきているのではないでしょうか。同じ音楽を聴いて学んでいるはずなのに、皆それぞれ異なる視点をもっています。それこそが、なにより素晴らしいと思うのです。

ジョン・ナカマツ氏

入試では何を提出するの？――スタンフォード大学の場合

アメリカでの大学に入学を希望する場合、どんな資料を提出するのだろうか？　たとえば、スタンフォード大学でもとめられる提出物は以下のとおりである。

・テストスコア：ＳＡＴ（Scholastic Assessment Test、大学進学適性試験）または ACT Plus Writing（American College Testing、アメリカ大学進学試験・筆記付）のスコア。外国人受験生はＴＯＥＦＬスコア提出が奨励《しょうれい》される。
・高校の成績表
・高校のリポート
・高校の先生二名による評価リポート（国語、数学、科学、外国語、歴史・社会科学の先生から選ぶようすすめられる）

・共通願書（First-Year Common Application）
・小論文二種類（The Common Application Essay, Stanford Writing Supplement）
・受験料：九〇ドル
・その他：芸術にかんする補足資料（Arts Supplement）、推薦状一名ぶん

高校のリポートと小論文二種類は共通願書（Common Application）の所定書式を使って書く。受験生情報のほか、賞歴、課外活動、職務経験などを記載。提出先はスタンフォード大学で、付属学校や学部に申し込むものではない。

では、小論文（エッセイ）二種類にはどのようなことを書くのか。共通願書用小論文（The Common Application Essay）ではトピックひとつを選び、二五〇文字以上六五〇文字以下で書く。トピックの例としては、自分のアイデンティティーにかかわること／失敗から何を学んだか／自分の信念が試されたときにどう行動したか／自分はどのような環境や状況に満足できるのか／文化、コミュニティー、家族などの環境の中で、どのように子どもから大人へ成長をとげたのか、などがある。

またスタンフォード用小論文（The Stanford Writing Supplement Short Essays）では、以下の三つのトピックを二五〇字以内で書く。自分の知的成長にかかわる体験談や考え／将来のルームメイトに宛てて、自分自身をどう理解してもらうか／いま関心のあることは何で、それはなぜか、といった内容がもとめられる。

さらに芸術にかんする補足資料がある。すぐれた芸術的才能をもつ学生、芸術に関心のある学生は、それを示す資料を提出することができる。アート、ダンス、音楽、演劇、パフォーマンスの教授陣が書類に目を通す。「われわれ大学側は芸術に携わる学生が来てくれることを望んでいますが、それは大学での芸術活動を保証するものでも、未提出の学生を除外するものでもありません」としている。提出日は通常締切日より早い。また音楽は、教師やメンターの推薦状のほか、演奏音源や作品提出が求められる（ライヴ・オーディションもあり）。

なおプリンストン大学にも同じような補足提出資料がある（Optional Arts Form）。演奏音源を添えて提出のこと。ピアノの場合はJ・S・バッハの《平均律クラヴィーア曲集第一巻》および《第二巻》、モーツァルトかベートーヴェンかハイドンのソナタの第一楽章、一九～二〇世紀の独奏曲を含むことが望ましい。希望すれば実演審査の機会もある（二〇一四年度入試要項より）。

第 2 章

音楽〈を〉学ぶ

―――― 大学でも専門家が育つ

音楽学科はどこに属しているのか？

全米でもっとも長い歴史をもつ音楽学科は、ハーバード大において一八五五年に設立された。それにならい、イエール大、スタンフォード大、カリフォルニア大などの古参大学に、一九世紀から二〇世紀前半にかけてつぎつぎに音楽学科（Department of Music, Faculty of Music）が新設された。そしてそれらはいずれも人文学部・学群に属していた。

いっぽう、大学の規模が拡大するにつれ、大学直属の音楽学校（School of Music）もしだいに併設されるようになった。通常、音楽学科と音楽学校では、入試体系、専攻科目数、学生数、教授数、施設の規模、組織体系などが異なり、授与できる学位も異なる。人文学部音楽学科の場合は「学士号（音楽）」、音楽学校の場合はそれに加えて「音楽学士号」の授与権限がある場合が多い。さらにイェール大学やニューヨーク大学などの大規模な総合大学には、人文学部音楽学科と音楽学校が併存する例もある。では実際にどのような人材が育っているのだろうか？

全米音楽学校協会が設定する学位基準とは

大学音楽学科や音楽学校の学位基準や要件にかんしては、全米音楽学校協会（National Association of School of Music、ＮＡＳＭ）が重要な役割をはたしている。同協会は一九二四年に創設された学位認証機関である（二〇一四年現在、約六五〇校が会員）。

同協会が認定する「学士号（音楽）」（「Bachelor of Arts in Music」または「Bachelor of Science in Music」）は、リベラル・アーツの枠組みの中で音楽を学んだことを示す学位である。カリキュラムは、一般教養科目（必修・選択）五五〜七〇パーセント、ミュージシャンシップ二〇〜二五パーセント、演奏実技と音楽選択科目一〇〜二〇パーセントで構成される。つまり、音楽関連科目は全体の三〇〜四五パーセントを占めることになる。多くの人文学部音楽学科ではこの学士号のみを授与している。後で述べるが、これは音楽関連科目が三分の二以上を占める音楽学士号とは異なる。音楽と人文学の中間に位置する、

学士号（音楽）（Bachelor of Arts in Music）

「学士号（音楽）」は、音楽を中心にリベラル・アーツを広く学んだことを示す学位である。右記はカリキュラム配分を示す円グラフ（数値は目安）。

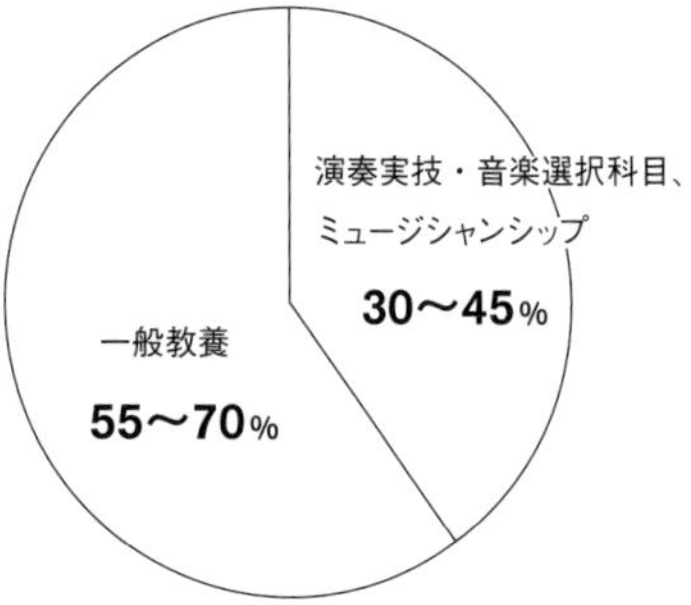

いわば音楽を中心として幅広く教養を身につけたという学位であり、とくにアメリカに特徴的だと思われる。

なお、もうひとつの特徴として、アメリカの大学には主専攻（メジャー）＋副専攻（マイナー）という履修方法がある。たとえば、「主専攻は経済で、副専攻で音楽を学ぶ」といったかたちで、これに該当する学生も多いようだ。ＮＡＳＭの規定によれば、副専攻と認定されるにはカリキュラム全体の一二パーセント以上の履修が必要である。

音楽を中心に幅広く学びたい

――音楽に比重をおいた人文学の学位

地域文化研究の一環として――カリフォルニア大学バークレー校

全米最大規模の大学のひとつであるカリフォルニア大学には、一九〇五年に音楽学科が設置された（カリフォルニア大学はバークレー校、サン・ディエゴ校、サンタ・バーバラ校、サンタ・クルーズ校など複数のキャンパスが存在するが、本書ではおもにバークレー校について述べる）。人文科学部には「人文学」「生物科学」「数学・自然科学」「社会科学」「学際科目など」という五つの専攻分野があり、音楽学科は「人文学」に属する。「カリフォルニア大学＞バークレー校＞人文科学部＞人文学分野＞音楽」という図式だ。

音楽主専攻生は以下を履修し、合計一二〇単位で「学士号（音楽）」を授与される。

・全学生共通必修科目：「ライティング基礎」「アメリカ史」

・バークレー校共通科目：「アメリカ文化研究」

・人文科学部必修科目（六〇単位〜）：「読解と作文」「数量分析」「外国語」「七分野の選択必修科目（人文学／生物科学／歴史学／国際研究／哲学／自然科学／社会・行動科学）」

・音楽学科必修科目（約五〇単位〜）

下級科目：「ミュージシャンシップ」「和声」「音楽史と文化（一七〇〇〜一九〇〇年代の音楽史／アフリカ、カリブ、日本、中東などの音楽より一、二科目／九〇〇〜一七〇〇年までの音楽史または一九〇〇年〜今日までの音楽史より一、二科目ほか）」

上級科目：「楽曲分析と演奏セミナー」、音楽主専攻科目「個人レッスン」「大編成アンサンブル」、選択科目

・音楽主専攻以外の選択科目

カリキュラムの経緯をたどると、一九一〇年代から音楽史、その後に音楽学、民族音楽学、そしてミュージシャンシップ、ソルフェージュ、聴音などの授業が増えてきたそうだ。これはパフォーマンスがより重視されてきた証《あかし》だろう。そして一九七六年から民族音楽学の授業が開講されるようになった。多文化な社会環境にいち早く対応したのは、この授業を始めた民族音楽学ボニー・ウェイド教授（前掲）である。教授は、「この大学では、音楽はリベラル・アーツの中に存在しています。たとえば民族音楽学は社会科学と人文学の組み合わせであり、文化研究のひとつであると考えています」と語る。現在は教授四名で学生数も増え、学習対象地域はヨーロッパ・アメリカ・日本・中国・インド・中東・中南米などにおよぶ。音楽に限らず、たとえばアフリカン・ダンスの授業などもおこなわれており、実際にパフォーマンスをとおしてそのリズムや身体の動きを学んでいく。

ウェイド教授いわく、「ここには民族的なマジョリティーは存在しません。中国や韓国だけでなく、

カンボジア、ラオス、ヴェトナムなど東南アジア出身移民の子どもたちも多いです。最近はインドやパキスタンなど南アジアからの移民が増えていますが、みなさんたいへん優秀ですね。私は現在「東アジア伝統音楽」の授業を担当しており、五〇〜六〇人の学生が受講しています。中国・韓国・日本は部分的に歴史を共有しながらも、楽器の発展やヨーロッパ文化の受容などに違いがあります。そういった事実を学ぶと、自分の国にそれほど興味がなかった学生でも、「母国にこんなに豊かな文化があるとは知らなかった。ぜひ見てみたい」と目覚めることがあるんですよ」。

同大は、「リベラル・アーツ教育は学生の精神を広く開放し、自分では知りえなかった点と点を結び、自分の専攻分野をより広い文脈の中でとらえることができるようになる」と提唱している。その学習環境の中で教えているウェイド教授は、自身の学生時代はそれと一八〇度異なるものだった、と振り返る。

私自身はかつてボストン大学で音楽学士号を取得しましたが、リベラル・アーツ科目は四年間で一教科だけでした。もしリベラル・アーツを学んでいれば、人生設計を考えるうえでどれだけ違っただろうかと思います。いまでも学生のなかにはリベラル・アーツがどれ

カリフォルニア大ホールでおこなわれるアフリカン・ダンスの授業。ステージでいっせいに踊る、踊る!　講師はガーナ人

だけ重要なのか、あるいは音楽の背景に哲学があることをじゅうぶんに理解していない学生も多いので、彼らに興味をもたせることが私の使命だと思っています。

ボニー・ウェイド教授

グローバル社会を見すえて――スタンフォード大学

スタンフォード大学も、グローバル社会における音楽のあり方を見すえたカリキュラムだ。学士号取得に要する単位は合計一三五単位以上、授与学位は「学士（音楽）（Bachelor of Arts in Music）」である。大学内の位置づけは「スタンフォード大学＞人文科学学部＞人文・芸術分野＞音楽」となる。

・全学生必修：

「ライティング・修辞学」「外国語」「一般教養科目」（六一単位）

・音楽専攻必修科目（六二単位～）：

・音楽理論（九単位）：Ⅰ～Ⅲ

・聴音（三単位）：Ⅰ～Ⅲ

・音楽史（一二単位）：一六〇〇年以前／一六〇〇年～一八三〇年／一八三〇年以降

・アナリーゼ（一二単位）：対位法／調性音楽の分析／二〇世紀作曲技

法入門

・ライティング（一一〜一二単位）：次より三科目選択する……ロマン派音楽／音楽と都市映画／地域の音楽を聴く――ベイエリアの音楽エスノグラフィー／ラテンアメリカの音楽とグローバリゼーション／録音への反響――初期の録音・消滅した録音技法・音楽の未来／精神物理学と音楽認知ほか

・応用科目：

・楽器個人レッスン（一五単位〜）

・オーケストラまたはアンサンブル（五単位〜）（単位認定されているクラスに限る）

・音楽専攻特別必修科目：

次より一分野を選び、六単位以上履修する……通奏低音入門／電子音楽史／声楽家の語法／演奏習慣研究／ドイツ歌曲解釈／フランス歌曲解釈／古楽の校訂報告と演奏／オペラ演劇法（上記はパフォーマンス専攻の場合）

専攻必修科目の音楽史に着目すると、一九世紀、二〇世紀といった時代や、バロック・古典派・ロマン派などの時代様式による区分ではなく、「一八三〇年」をひとつの区切りにとらえている点に特徴がある。

一八三〇年は古典派のベートーヴェンやシューベルト没後から三年、いっぽうロマン派を代表するショパン、シューマン、リスト、メンデルスゾーンなどが二〇歳前後の青年期を迎え、まさにこれから大輪の花を咲かせようとしていた時期である。彼らを取り巻く社会にも激動があり、フランスの七月市民革命、ポーランドの一一月蜂起など、フランス復古王政やロシア帝国主義に対する民衆の抵抗、つまり自由主義運動が各地で起こった年でもあった。自己の尊厳と自由思想への希求、それが芸術にも影響をおよぼした。ショパンはエチュード作品一〇の一二《革命》で祖国ポーランドを蹂躙《じゅうりん》するロシア帝国への憤《いきどお》りを表現し、友人の画家ウジェーヌ・ドラクロワは『民衆を導く自由の女神』でフランス国旗を掲げた女神に導かれる勇敢な民衆を描いている。

このような視点から、音楽史における時代様式の変化をさらに大きな枠組みでとらえ、歴史の一大転換点における思想の変化を学ぶことが意識されているのではないかと思われる。

またライティングの科目には「ベイエリアの音楽エスノグラフィー」など地域研究に関連するもの

から、録音技法や精神物理学などに関連するものもある。シリコン・ヴァレーに隣接し、多くのＩＴ起業家も輩出している大学らしい。音楽学科長（二〇一二年当時）で合唱団指揮者のスティーヴ・サノ教授によれば、「もっとも人気が高いのはパフォーマンス、続いて音楽、科学、テクノロジーです。とくに後者は伝統があります。大学構内にはコンピュータ音楽研究施設ＣＣＲＭＡがあるのですが、初代館長はヤマハのシンセサイザーに内蔵されているＦＭチップの開発者なんですよ。学生たちはみな起業家精神に富んでいて、音楽学科の学生も自立心旺盛です」。

なお、学部課程音楽学科のラーニング・アウトカムとしては、次の六つを挙げている。

(1)調性音楽の楽曲分析において、適切な方法論をもちいて、適切に分析対象となる箇所を選び、概説できること
(2)調性音楽の楽曲分析において、その原理を習得し、作曲家、分析手段、方法論を適切に参照できること
(3)論文および口頭発表において、一次資料の扱いが適切であること
(4)論文および口頭発表において、二次資料の扱いが適切であること

（左）スタンフォード大学のキャンパスにはオーギュスト・ロダンの彫刻がある。
（右）スタンフォード大学音楽学科長のスティーヴ・サノ教授。ハワイアン音楽にも精通している。音楽学科生は24時間ピアノ練習が可能な環境にあり（ブラウン音楽センター）、学生寮も夜中3時くらいまでどこも電気がこうこうとついているらしい。「適度に遊びながら努力も惜しまない、それを「ダック・シンドローム［アヒルや白鳥のように、優雅に泳いでいるように見えて水面下では懸命に足を動かしているさま］」と言うんですよ」（サノ教授談）。なお故スティーヴ・ジョブズ氏が2005年度の卒業式でおこなったスピーチが有名だが、サノ教授が指導する合唱団がそのステージを飾ったそうである。

(5)授業での論文作成にあたり、分析的なライティング・スキルを習得していること
(6)聴衆に対して、楽曲分析を理路整然と発表できること

音楽学科卒業生の一例として、作曲専攻のクリストファー・ティン氏はスタンフォードで学士号（作曲）を取得後、英国王立音楽大学で修士号を取得し、現在はビデオ・ゲームや映画音楽の作曲を手掛け、二〇一一年には二つのグラミー賞に輝いた。また東京出身のフジモト・アキコさんは、スタンフォード大学で英語・音楽のダブル・メジャーで学士号を取得。その後イーストマン音楽院で合唱指揮の修士号を取得し、ボストンおよびハーバード両大学のオーケストラ指揮を経て、現在はサン・アントニオ交響楽団で指揮をしている。

音楽の専門家をめざして

──音楽専攻の学位

アメリカには、音楽院なみの施設や教授陣を擁《よう》する音楽学校（School of Music）をもつ大学がある。音楽学校は音楽学科よりも規模が大きくて独立性が高く、たとえばロチェスター大学イーストマン音楽学校、ジョンズ・ホプキンズ大学ピーボディ音楽院などがある。

全米音楽学校協会によると、「音楽学士号」に必要なカリキュラムは、音楽主専攻科目（演奏実技、アンサンブル実技、指導実技、インディペンデント・スタディー、リサイタルを含む）二五〜三五パーセント、音楽副科科目二五〜三五パーセント、一般教養科目二五〜三五パーセントである。音楽専攻・副科科目は全体の六五パーセント以上と規定されている。その条件からして、音楽院なみの専門的教

音楽学士号（Bachelor of Music）

「音楽学士号」は、音楽を専門的に学んだことを示す学位である。“Bachelor of Music in Performance”のように専攻分野を併記する。右記はカリキュラム配分を示す円グラフ（数値は目安）。

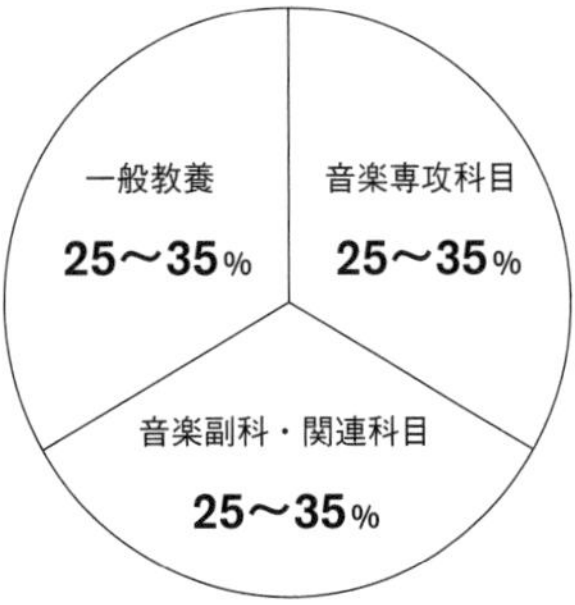

育をおこなう場が必要となる。そこで、音楽学校として独立しているケースが多い。その場合、大学入学試験と音楽学校のオーディション、両方に合格することが必要となる（音楽学科はそのかぎりではない）。

音楽専攻生はどんな一日を送っている？

それでは、音楽主専攻の学生はどのようなカリキュラムを学んでいるのだろうか。現在ロサンジェルスでピアノ演奏・教育に携わる田沢恵里香さんは、高校時代にアメリカ留学を決意、奨学金が充実している大学を求め、ニューヨーク州立大学付属クレイン音楽学校（Crane School of Music, State University of New York-Potsdam）の学部課程と修士課程で学んだ。

学部課程ではピアノ以外の必修科目として、スタジオ、作曲を含めた音楽理論、イヤー・トレーニング（聴音と新曲視唱）、西洋音楽史、アンサンブル、指揮、ピアノ教育学、ピアノ・レパートリー。そして選択科目として音楽分析、ポスト・ロマン派音楽史（おもに一八九〇〜一九一〇年の作品）、現代音楽アンサンブルなどを履修したそうだ。

このなかで「スタジオ」とは、門下生が週に一度発表・批評しあうクラスのことだ。

私が学んでいた門下は生徒どうしの関係がとてもよく、率直な意見交換はもちろん、リサイタルやコンクールなどの準備をしている生徒にはみんなでサポートをするという感じでした。スタジオ・クラスのファシリテーターは教授がおこない、生徒たちは楽譜を見ながら、ときにはマスタークラスのようになることもありました。レッスンは三人一組でおこなわれ――これは教授が教わったピアニストのレオン・フライシャーがとっていたスタイルだそうです――、楽譜に運指やフレージングなどについて細かくメモをとり、いずれ別の生徒が同じ曲を弾くさいにはそれらすべての記録を残しておくように、とつねづね言われました。

田沢恵里香さんと先生

スタジオ中には厳しい言葉をもらうことも日常茶飯事だったが、かえって門下生どうしの結束が強まったという。

またピアノ専攻でも指揮のクラスが必修だったそうだ。指揮は二学期必修で、一学期目はおもに小編成の短い曲を、二学期目は交響曲からの抜粋などを扱い、最終試験はエルガーの《エニグマ変奏曲》からの抜粋。また現代音楽アンサンブルでは演奏主体のクラスだったため、田沢さんは教授の許可を得たうえで、作曲科の学生の曲や、エヴァン・チェンバーズのピアノ六重奏曲《Cold Water, Dry Stone》を弾いた。またピアノ教育学では、初級から中級レヴェルのレパートリーを数多く学び、これもその後、芸術学校（アリゾナ・スクール・オヴ・アーツ）で中高校生を教えるときに役立ったそうである。

また公立大学付属の音楽学校であるため、一般教養もすべて履修しなければならない。その課題をこなすのに毎日かなりの時間を費やしたであろうことは想像にかたくない。田沢さんは批評論文、統計学、生物学、文化人類学、アメリカ史、バレエなどを履修し、これら教養科目が全一二四単位のうち約五分の一を占めたという。

一年次必修だった批評論文がいちばん苦労したクラスでした。毎日小論文を書く課題があり、英語ができたとはいえ［入学時のTOEFL点数が高いと、留学生対象のESL（English as a Second Language、第二言語としての英語クラス）に入れないことがある］、さすがに留学一年目の私には厳しいもので、毎日三時間は論文を書いていました！　音楽史のクラスでは毎学期五〜八枚の論文が三本ほどあり、たとえば「作曲の手法がどのように作品に使われているか」など、そのときクラスで扱ったテーマで書きました。また一、二枚の短いエッセイもひんぱんにあり、おもに教授の質問に対する自分の答えを織り込みながら書くものでした。それから音楽科の課題が毎日一、二時間かかり、個人の練習やリハーサルなどを含めると、早朝から深夜までずっと学校にいました。

また一般教養科目を通して、心理学が自分の思い描いていた学問とはまったく違うものだと気づかされたり、バレエやアレクサンダー・テクニーク［おもに演技者や楽器奏者のための身体調整法］からは体を使う演奏家として学ぶことが多く、社会人類学のヒューマン・セクシュアリティーというクラスでは毎回白熱したディスカッションに参加したりと、とても興味深い勉強ができたと思います。音楽科のクラスを含め、とにかくアカデミックな論文を書かされることが多く、英語で的確な表現をする力がつきました。

音楽と直接関係がなくても、世界で起こっているテーマを話し合うことは社会意識を高めることにつながる。

田沢さんはその後修士課程に進学。一年目でコンチェルト、二年目でソロ・リサイタル（七五分）とプログラムについての質疑応答をこなした（教授三名とのインタヴュー形式でおこなわれる）。またそれとは別に、ピアノ教育学の論文を、「表現力のある音はどうやって育つか」というテーマで書き上げたそうだ。合計六年間の大学生活は、田沢さんにとってたいへんながら実り豊かな時間だったにちがいない。

田沢さんは現在アトランタの大学で、声楽と室内楽のコーチ（Collaborative Pianist, Vocal Coach）として活動の場を広げている。アメリカで「collaborative pianist」という言葉が「accompanist」に代わって定着してきたのは、ここ一〇年くらいのことだそうだ。ただ歌手や器楽奏者に合わせてピアノを弾く人、というイメージとはだいぶ違うかもしれない、と田沢さんはいう。

八割ほどはヴォーカルのコーチで、ヨーロッパや日本でコレペティトールと呼ばれる仕事をしています。歌手の声楽レッスンの伴奏のほかに、個人コーチングで歌手がまず音程やリズムがしっかり正しくとれているか、それから発音やテンポのチェックなどをしながら伴奏します。とくにオペラの場合は、いずれは指揮者やオーケストラと歌うことを最大限に考慮して、不自然なテンポの加減速やブレスをとっているところがないかなどにとくに注意を払います。歌手の各パートを知っていることはもちろんですが、それに加え、わたしはできるかぎりオケの音に近づけるようにピアノ伴奏譜を自分でよく編集しています。

普段から、ゲスト・アーティストのマスタークラスやオーディションなどにおいて初見で伴奏を任されたり、アトランタ・オペラ劇場では小品の音楽監督や（同劇場特別プロジェクトにて初演）、メイン・ステージの音楽監督アシスタントなども経験した。こうした多方面の活躍が認められ、二〇一五年夏にはオーストリアのオペラ講習会&音楽祭（AIMS Graz）にコレペティトールとして採用され、ナクソス・レーベルから現代音楽作品集のCDリリースも予定されている。また以前にはニューヨーク在住の日本人俳優・山本真理さんと組み、『八百屋お七』（井原西鶴の『好色五人女』などにとりあげられた実話をもとにした悲恋の物語）の英語脚本にもとづいて田沢さんが作曲するなど、創作活動にも意欲的である。

カリキュラムの三分の一は教養科目

音楽を専門的に学ぶといっても、演奏だけをきわめればよいというわけではない。どのような視点で音楽をとらえるのか、音楽を取り巻く世界をどのようにとらえるかによって、音楽の掘り下げ方に多様さや深みが生まれる。

アメリカでは全米音楽学校協会（ＮＡＳＭ）が各学位に求める学習水準、内容、卒業要件のガイドラインを策定しているが、カリキュラム配分を見ると、音楽科目は全体の三分の二（うち三分の一は主専攻科目、三分の一は関連科目）、残り三分の一は一般教養科目である。つまり学士号を取得するためには、一般教養科目を三分の一学ぶことが推奨《すいしょう》されている。

たとえば音楽理論専攻の場合、一般科目として「コンピュータ・サイエンス、音響学、美学」を学ぶとよいとしている。たとえば作曲の場合は「コンピュータ・サイエンス、音響学、メディア」、音楽教育の場合は「心理学、音楽理論、ビジネス」、ジャズの場合は「電子メディア、アフリカ系アメリカ音楽研究、音楽ビジネス」など、実践の場で何が求められているのかがよくわかる。

大学で教えるアーティスト、大学から輩出されるアーティスト

アメリカの大学では、多くのアーティストが教鞭を執ってきた。ストラヴィンスキーはハーバード大学で、ヒンデミットはイエール大学で、マルティヌーはプリンストン大学作曲科で教え、バルトークはコロンビア大学で民族音楽の研究をおこなっている。またシェーンベルクは南カリフォルニア大学（USC）とカリフォルニア大学ロサンジェルス校（UCLA）で教鞭を執り、ジョン・ケージは彼のUSC時代の門下である。これには第二次世界大戦前夜、台頭してきたナチス政権から逃れるため、

多くのユダヤ系作曲家や音楽家が旧ソ連・欧州諸国からアメリカへ亡命したという背景がある。

戦後も多くのアーティストが大学を教授または客員講師として訪れ、講義などをおこなった。ヴァイオリン奏者ヤッシャ・ハイフェッツもUSCで教え、彼の名を冠した教授職を現在、五嶋みどり氏が受け継いでいる。指揮者・作曲家のレナード・バーンスタインは、母校ハーバード大学で一九七三年に「答えのない質問（The Unanswered Question）」と題して音楽史の講義をおこなっている。チェロ奏者のヨーヨー・マも母校ハーバード大学でマスタークラスをおこない、現役生のロール・モデルにもなっている。また、ヴァイオリン奏者の五嶋龍さんはハーバードで物理学を専攻し、かつ空手も達者で、文・武・芸すべてに秀でた逸材として後輩に影響をあたえている。

また最近では若手アーティストも大学教授として採用されており、ピアニストのアレクサンダー・コブリン氏（二〇〇五年のヴァン・クライバーン国際ピアノ・コンクール優勝者）はコロンバス州立大学シュオブ音楽学校のピアノ主任教授を経て、ニューヨーク大学スタインハルト音楽学校教授を務めている。

また日本人では、ピアニスト練木繁夫氏がインディアナ大学で教授を務めるほか、チェロ奏者の堤剛氏がイリノイ大学とインディアナ大学で、指揮者・ヴィオラ奏者の大山平一郎氏はカリフォルニア

イェール大学のコンサート・ホール。毎日のようにコンサートやリサイタルがおこなわれている。

大学サンタ・クルーズ校で、かつて後進の指導にあたっていた。

また大学から多くの優秀な音楽家が輩出されている。たとえばイェール大学は音楽学科と音楽学校が共存するタイプで、音楽学科学部課程では音楽史、理論、作曲、演奏などを初歩から学ぶことができ、リベラル・アーツの学位が取得できる。さらに演奏実技や作曲を高い水準で集中的に学びたい学生は、四年次から修士課程に相当するイェール大学音楽学校（Yale School of Music）で学ぶことができる。この音楽学校は実技と知識を兼ね備えた社会に役立つ音楽家を育てることを目的とし、過去にはマリン・オルソープ（ボルティモア交響楽団音楽監督・指揮者）などを輩出している。日本人ではオーガスタ交響楽団音楽監督シズオ・Z・クワハラ氏もイーストマン音楽学校を経て、イェール大学音楽学校（大学院に相当する）で学んだ。二〇〇八年度ショルティ国際指揮コンクールで優勝、二〇一四年には米国ショルティ財団キャリア支援賞（Solti Foundation U.S. Career Assistance Awards）を受賞、今後の活躍が期待されている。

イェール大学音楽学校では、世界的に著名なアーティストとのコラボレーションやマスタークラスなどがひんぱんにおこなわれている。二〇一二年三月には作曲家スティーヴ・ライヒ臨席のもとで作品演奏がおこなわれ、作曲科学生の作品も同時に披露された。また同年二月にはイェール・フィルハーモニアがウィリアム・クリスティ指揮でカーネギーホール公演をはたしている。またイェール大の元クヮルテット・イン・レジデンスだった東京クヮルテットは同校で現役引退を発表した。オンライン図書館や資料・音源も充実しており、なかでもギルモア図書館はスコア一〇万冊、音楽関連書籍七万冊ほか、また音源資料もクラシック音楽からジャズ、演劇、文学、歴史にいたるまで二五万点以上を所蔵している。これらは一例であるが、大学内の音楽学校は、音楽院とほぼ同等の教育環境を有していると考えてよいだろう。

イェール大学のような私立大学だけでなく、州立大学にも大規模な音楽学校がある。

指揮者の原田慶太楼氏（前掲）は、アリゾナ大学音楽学校で音楽学士号、ジョージア州マーサー大学で音楽修士号を取得、現在三つの交響楽団でアソシエイト・コンダクターとして活躍している。原田氏は入団オーディション審査に携わる立場として、大学と音楽院の差が以前ほどなくなっていると語る。

ジュリアード音楽院やカーティス音楽院出身だから即一次審査突破ということは、かつてほどはなくなりました。すぐれた先生が一般大学でたくさん教えていますから。たとえばヴァイオリンはインディアナ大学〔州立〕、テューバはミシガン大学〔州立〕、トランペットはノース・ウェスタン大学〔私立〕の学生がいいという具合に、楽器によって評判の高い大学もあります。ヴァイオリニストのジョシュア・ベルはインディアナ大学ですぐれた教授に師事し、現在世界的に活躍しています。ひとつの考え方として、学部課程は大学で幅広く勉強し、修士課程で音楽院に行くという選択肢もありえますね。二三歳になって精神的に落ち着いてくるころに、音楽家を本格的にめざす環境に入るわけです。

原田さん自身も大学で学んだひとりであるが、学部一年次からプロの指揮者としての仕事を始めて

原田慶太楼氏

いたそうだ。必要な単位をすばやく取得し、すでに一定の水準を満たしている科目は試験を受けて授業を免除されるなどして早期に学位を取得。二〇一〇年にはタングルウッド音楽祭で小澤征爾《おざわせいじ》賞を受賞してオペラを指揮、二〇一三年にはブルーノ・ワルター・コンダクター・プレヴュー賞、二〇一四年には米国ショルティ財団キャリア支援賞を受賞し、勢いに乗る。ファミリー・コンサート用の絵本を手作りして市内の小学校に無償配布したりと、次世代教育にも力を入れているひとりだ（二〇一四年に自伝『ＥＤＯっ子指揮者世界へ』〔Kindle版〕を出版）。

なぜ大学で音楽を?

——カリキュラムの組み方・学習期間も自在に

アメリカの大学の特徴は、自由にカリキュラムを組めることや、自分の能力や意思に応じて履修期間を調整できることにもある。たとえば聴音やソルフェージュなどの科目は、あるていど基礎力があり、「一定の水準を満たしている」と判断されて試験に合格すれば、残りの授業を免除され、その時点で単位が取れる(テスト・アウト)。また一部の大学では学士号と修士号を五年間で取得できるジョイント・プログラムを提供している。これによって、能力とモチベーションの高い学生は通常よりも早く複数の学位を取得することができる。いっぽう一、二年次までは専攻を特定せず、幅広く科目を履修したうえで、自分の興味ある分野を見きわめる場合もある。では、学生がそれぞれどのようにカリキ

ュラムを選んでいるのかを見てみよう

まず教養科目を幅広く学び、多様な友人と知り合う

アメリカの大学では二年次の学期末までに専攻を決定すればよい。中には音楽・勉強ともに優れた成績を挙げ、そのために進路選択や大学での専攻決定に悩む人も少なくない。そこで教養科目も幅広く学びながら、自分に合った道を探っていくのである。

スタンフォード大学二年生のヒューゴ・キタノさん（Hugo Kitano）もそのひとりだ。サンフランシスコで生まれ、六歳からピアノを始め、高校二年の夏（二〇一二年）にはジーナ・バックアゥワー国際ピアノコンクールのヤング・アーティスト部門に出場した実力をもつ。音楽をじっくり学びたいと思いながらも、神経科学など他分野にも興味があり、けっきょく音楽院ではなく大学進学を選んだ。スタンフォード大は自宅から近く、大学のあたたかい雰囲気や学生の気質にも惹かれたという。

入学後は必修科目や教養科目を履修しながら、三年次からの専攻を視野に入れて音楽科目を選択し

た。まず必修科目として論文作成法と修辞学（"Programs in Writing and Rhetoric"）があり、一年次には「現代の神話学」、二年次には「ミュージカル論」をテーマに選んだ。ライティングとはいえワークショップ形式が多く、二年次にはオーラル・コミュニケーションも重視される。また一年次は教養科目群（"Thinking Matters"。第1章、第5章を参照）より一科目が選択必修であり、「脳はどう働くのか」を選択したそうだ。さらに四年次までに"Ways of Thinking / Ways of Doing"（通称ＷＡＹＳ）という教養科目群から数科目を履修するシステムになっている。

音楽科目では、音楽理論、聴音、音楽史、現代音楽などのクラスを履修したほか、ピアノの個人レッスン（フレデリック・ウェルディ博士に師事）も受けているという。二〇一四年冬にはスタンフォード大学協奏曲コンクールで優勝し、その成果をじゅうぶんに発揮した。

授業の予習復習や宿題に忙しい毎日だが、高校時代と生活のリズムは変わっただろうか？

日中は授業に出たり、夜は大学の課題に取り組んでいるので、一日のピアノ練習時間は三時間くらいです。学校にいる時間は高校時代より減りましたが、そのぶん宿題に時間を費やしているので、練習時間は高校のときとあまり変わりないですね。一年生はキャンパス内の学生寮に住むことが義務づけられていて、学部生全体の九割は寮に住んでいます。寮にはさまざまなバックグラウンドの学生が集まっていて、とても活気があります。週に一回寮内で一〇〜一五分のミニ・コンサートをしているのですが、いつも皆が聴いてポジティヴなフィードバックをくれます。あまりクラシック音楽に馴染みのない人も多いので、これをきっかけに興味をもってくれるのがうれしいです。

充実した二年間を過ごしたキタノさんは、三年次から音楽とコンピュータ・サイエンス（バイオメディカル・コンピュテーション専攻）をダブル専攻することを決意。そして二〇一五年夏にはカリフォルニア大学サンフランシスコ校付属病院（ＵＣＳＦ）でインターンをしながら、カナダのバンフ音楽センターの夏季プログラムに参加（The Banff Centre, Summer Music Program- Piano Masterclass）、加えてジョン・ペリー・アカデミー夏季フェスティヴァル（John Perry Academy Summer Festival）にはフェローシップ生として招かれている。個人の力を最大限に伸ばしたその先に、どのような道が待っているのか楽しみである。

途中で専攻を変える、取得学位を変える

カリキュラムの自由度の高さは、途中で専攻を変えられる点にもある。
現在オハイオ・ウェズリアン大学で准教授を務めているピアニストの金田真理子さんは、学生の多様な学び方に柔軟に対応している。この大学はリベラル・アーツ・カレッジとして知られ、現在音楽主専攻が五三名、うち二一名が音楽学士号（Bachelor of Music, B.M.）、三二名が学士号（Bachelor of Arts in Music, B.A. in Music）のコースに所属している。なかには音楽＋他科目のダブル・メジャーや音楽を副専攻（マイナー）とする学生もいて、学び方は多様だ。それぞれ履修の目的も時間数も異なる主専攻生と副専攻生は、どのような学生なのだろうか。

現在はピアノ・レッスン（applied piano）のほか、副科としての必修ピアノ（class piano）を教えています。これは初心者も含めているのでグループ・レッスンです。また生徒のリサイタルや実技試験などの伴奏も担当していて、必要に応じて伴奏を教えることもあります。

音楽副専攻生は、おもにアンサンブル、合唱、あるいはオーケストラなどに参加している学生ですが、なかにはピアノ・レッスンをとる学生もいます。レッスンの場合は、まず何を目的として履修を決めたのかを必ず訊《たず》ねています。「昔習ったことがあるのでもっと上達したい」「リズムを理解したい」など理由はさまざまなので、その生徒のレヴェルをチェックしながら、半年でどのていど上達が期待できるかをめどに指導するようにしています。また彼らの伴奏もします。

またこの大学は学士号（B.A.）でダブル・メジャーを選ぶ生徒も数人います。「専門をめざすつもりはなくても音楽を勉強し続けたい」という学生に向いていて、奨学金も多く出ます。なかには学士号（B.A.）から音楽学士号（B.M.）に換える生徒もいますが、大半が教育学部なので学校の先生になるのが目的であることが多いですね。将来修士課程に進むか、プライベートで教えたいという学生に向いています。

受験時の面接で、将来の目的などを考えて、どの学位がよいかこちらから薦めます。アメリカは融通が利くので一年生のときにB.M. からB.A.、あるいはその反対に換える生徒もいますね。

このダブル・メジャー、トリプル・メジャーとは、二つ、三つの専攻をもつことである。とうぜん取得単位は増えるが、幅広く勉強したい学生や複数の進路で迷っている学生にとっては、より多くの選択肢の中から自分の個性に合わせたカリキュラムを作ることができる。音楽院では音楽学士号（B.M.）のみであるが、大学では音楽と他科目を組み合わせ、その比重を自分の意思で変えることができるのが大きな特徴といえるだろう。

二つの専攻、二つの学位を取る

大学の音楽学科には、ダブル・メジャーの学生が十数名から数十名単位で存在する。ダブル・メジャーとは、同じ学位のもとで二つの分野を専攻することである。必要単位数は通常の約一・五倍。これとは別にダブル（デュアル）・ディグリーもあり、二つの学位を取得することを意味する。

ロサンジェルス・フィルハーモニックなどでの職を経て、現在日本の音楽業界を中心にファンドレイジング支援や室内楽団のコンサート企画などをおこなっている伊藤美歩さんは、ノース・ウェスタン大学の学部課程で音楽と経済の二学位を取得した。単位数は通常の一・五倍以上であるが、二つの分野を学んで将来に生かしたいという強いモチベーションが感じられる（詳しくは第3章を参照）。

またダブル・ディグリーの発展形として、学士号と修士号を五年間で取得するプログラムもある。たとえばニューヨーク大学には、音楽学士号と音楽教育の修士号を五年間で取得できるプログラム（例：B.M. in piano performance / M.A. in music education）がある。合計一三〇単位で内訳は以下のとおり。

・**全学共通科目（四〇単位）：**
「外国語」「ライティング」「現代文化入門（西洋との対話／世界の文化／社会と社会科学）」「科学的探究（数的思考または数学／自然科学）」「西洋文明におけるパフォーミング・アート」ほか

・**音楽専攻科目（七四単位）**
音楽専攻必修（二六単位）：
「音楽聴取Ⅰ～Ⅳ」「音楽理論Ⅰ～Ⅳ」「キーボード・ハーモニーと即興Ⅰ・Ⅱ」「コレギウム＆プログラム・セミナー」「音楽史（中世とルネサンス／バロックと古典／一九世紀／二〇世紀）」「リサイタル」

音楽専門科目（四八単位）：「室内楽アンサンブル、または大編成アンサンブル」「応用科目」

・**音楽教育特別専攻（一六単位）**：三年次必修（「指揮法基礎」「音楽教育のための合唱指揮」）、音楽教育のための演習（ギター、金管、木管、弦、打楽器、指揮演習より三科目選択）、四年次必修（「ティーチングとラーニング」「実地見学（一〇〇時間以上）」「特殊児童のための音楽」「音楽教育のための教材とテクニック」「小学生対象の音楽教育」「中高生対象の音楽教育」

ダブル・ディグリー、ダブル・メジャー、メジャーとマイナー（たとえば科学を主専攻とし、音楽を副専攻とするなど）など、個人の能力や意思を最大限反映したカリキュラムを組むことが可能である。その二刀流の能力をどう社会で生かしていくのかは別のテーマになるが、人間の才能をひとつに限定せず、あらゆる方向に伸ばしていく考え方は、社会に新たな突破口を生み出す可能性を秘めている。

大学と音楽院の提携プログラムも

進む共同学位 ――― ハーバード大学とニュー・イングランド音楽院、プリンストン大学と英国王立音楽大学

近隣の音楽院と提携した「ダブル・メジャー・パートナーシップ」をもつ大学も多数ある。ハーバード大学では二〇〇五年より、ニュー・イングランド音楽院と連携した共同学位プログラムを展開している。ハーバード大学四年間で学位を取得し、その間ニュー・イングランド音楽院で個人レッスンなどを受けながら、五年目に同音楽院でパフォーマンスの修士号を取得するという計五年間のプログラムである。大学、音楽院双方の試験に合格したうえで、同プログラムへの合否が審査される。人気が高いが、さすがにハードルも高い。

ハーバード大学で人文学を学び、ニュー・イングランド音楽院にも通うジョージ・リーさん（George Li）は、二〇一五年度チャイコフスキー国際コンクールのピアノ部門で第二位に輝いた。主体的に音楽に向かう姿勢や幅広いテクニックでどんな難曲も表情豊かに弾きこなす。また、ハーバード大経済学部生のチャーリー・オルブライトさんは、二〇〇六年ニューヨーク国際ピアノ・コンクールで優勝した才能をもち、繊細な表現力とリズム感が光るピアニストだ。こうした二刀流の人材が増えてきている。

ハーバード＝ニュー・イングランド音楽院学位提携プログラムで学ぶジョージ・リーさん
© XV International Tchaikovsky Competition

またプリンストン大学は英国の王立音楽大学（Royal College of Music、RCM）と提携し、学士号（Bachelor of Arts from Princeton）と音楽修士号（Master of Music from the Royal College of Music）を組み合わせた五年間の共同学位プログラムを提供している。プリンストン大学の学部課程二年次に学内でRCMオーディションを受け、合格すると三年次秋学期にロンドンへ留学し、フルタイムのRCM学生として授業を受ける。そしてプリンストン大学で学士号を得て卒業した後、RCMの修士課程を一二カ月で終えて音楽修士号を取得する。これはプリンストン大学が提案するリベラル・アーツと音楽の学びを土台に、よりプロフェッショナルな環境で音楽を学んでキャリアにつなげるという考えだろう。お互いの特徴と資源を生かした事例である。

単位互換から共同学位へ ―― コロンビア大学とジュリアード音楽院

コロンビア大学とジュリアード音楽院にも同様の共同学位がある。まずその前段階として、単位互換ができるエクスチェンジ・プログラム（Columbia-Juilliard Exchange Program）があり、三年次にあらためて試験を受け、共同学位が取得できるジョイント・プログラム（The Joint Program: Bachelor of Arts / Masters of Music）へ進むことができる。エクスチェンジ・プログラムの学生になるには、両大学の試験に合格し、かつ入試試験官とは別に審査委員がプログラム登録生にふさわしいか否かを判断する。つまり三つの関門を通過しなければならず、年間一五名程度しか入れない狭き門である。卒業生にはピアニストのエマニュエル・アックスやチェロ奏者のアリサ・ワイラースタインなどがいる。

コロンビア大学経済学部三年生のシンシア・ユンさんは、高校三年生のときに受験を決め、同プログラムに合格した。成績優秀で音楽も好き（ファゴット）。しかし音楽を専門にするかどうか決めかねていたため、どちらも学べるこのプログラムにしたという。現在はフルタイムの学生としてコロンビア大学で学びながら、ジュリアード音楽院にも通っている。

コロンビア大学では一般学生と同様に基礎教養科目や主専攻である経済学科目のほか、音楽科目として大学オーケストラと聴音のクラスも履修しているそうだ。経済学部を選んだのは、他の科目と自在に組み合わせることができるから、との考えからだそう。

一方のジュリアード音楽院ではキム・ラスコフスキ教授（ニューヨーク・フィルハーモニック副首席ファゴット奏者）に師事している。楽器レッスン以外では室内楽セミナー（ニューヨーク木管五重奏セミナー）への出席、ニュー・ジュリアード・アンサンブルにも参加しているそうだ。単位互換にかんしては、ジュリアード音楽院での楽器個人レッスン五単位がコロンビア大学では二単位に、室内楽演奏二単位が一単位に互換される。

このエクスチェンジ・プログラムからジョイント・プログラムへ移行するには条件がある。三年次までにコロンビア大学で必要単位数をすべて満たしている場合は、そのままジュリアード音楽院の修士課程に編入できる。あるいは全単位を修了していなくとも、全学必修科目全単位と主専攻科目を合わせて四分の三を満たしていれば、やはりジュリアード修士課程に進学することができる（いずれも試験有）。その場合はジュリアード修士課程在籍中に、コロンビア大学学士課程で残した数単位を取得すれば、同大が残り三〇単位を供与し、全学位要件を満たすことできるというしくみになっている。つまり合計五年間で、コロンビア大学の学士号、ジュリアード音楽院の音楽修士号を得ることができるというわけだ。なお修士課程編入を希望しない場合は、そのままコロンビア大学で学士号を得て卒業となる。どちらを選ぶかは学生しだい。選べる環境があるということは、意欲的な学生にとっては悩ましくもありがたい環境だろう。

現在シンシアさんはコロンビア大学でも大学オーケストラに所属しているほか、アンサンブル・グループ（「Lyric Lion」）で活動している。作曲家でもある大学の友人が、他の作曲家やシンガー・ソングライターをしている学生を集めて結成したグループで、ジャンルを超えてさまざまな音楽を演奏しているそうだ。またエクスチェンジ・プログラムの友人は、チェロのグループ（「String Theory」）を結成してポピュラー・ソングを演奏し、YouTube でも人気を集めているという。クラシック音楽だけに縛られない自由な音楽活動は、さまざまなバックグラウンドの学生が集まる大学ならではかもしれない。

責任ある市民に、そして音楽家に

――ミリアム・フリード（ヴァイオリン奏者、ニュー・イングランド音楽院教授、元インディアナ大学教授）

すぐれたヴァイオリン奏者を多く育てているミリアム・フリード氏は、大学と音楽院の双方で教えた経験をもつ。ルーマニアで生まれ、一八歳までイスラエルで教育を受け、幼少のころにはメニューイン、ミルシテインなど偉大なヴァイオリニストに出会い、その後の人生に大きな影響を受けたそうである。スイス留学を経て、米インディアナ大学ブルーミントン音楽学校に入学、その後同校で教鞭を執り、多くの才能を育ててきた。ここでは大学レヴェルの音楽教育について質問した。

音楽家には才能も必要ですが、それがすべてではありません。才能がある人は、知性を磨き、よくトレーニングし、よい教育を受け、よく練習し、音楽に対する欲求

ミリアム・フリード教授（左端）

をもつことが大事。良く弾けても、何を訴えたいのかがよくわからない人もいます。「完璧」というのは現実にはありません。ミスをしないことが完璧ではないのです。音楽はなによりコミュニケーションです。コミュニケーションとは、感情と向き合うことであり、作曲家の意図、音楽の構造、ハーモニーといったさまざまなものとコミュニケーションすることを意味するのです。

つねに選択を繰り返しながら人生を自分で歩んできた氏ならではの、含蓄《がんちく》に富んだ言葉や音楽に対する責任感。彼女の話からは、そんな言葉が思い浮かんでくる。人の重みがわかるから、生徒一人ひとりに対する視線はとても優しい。音楽的にはとても厳しいけれど、それは音楽に対する責任感ゆえである。

音楽家として、また人間として成長するためには、他の人がどのように考え、さまざまな状況に対応しているのか、問題に対処しているのかを見ることも大事だと思います。そういった重要な部分を体験できないのは理想的とはいえない、と私は思うのです。たとえばインディアナ大学では、普通の教科と同時に音楽を勉強できます。五年間で学士号・修士号が取れるジョイント・プログラムもありますが、私にとっては時間をかけてじっくり学ぶほうがよい解決法だと思います。アカデミックを学ぶことは、責任ある市民になること。世界に対する責任をもつこと。音楽は文化の一部であり、文化は世界の中心であること、それを維持していくこと。それにはどうしたらよいかを考えるためにあるのです。世界を見ないということは、世界に対して責任ある行動をとれないということでもあります。私はつねにフレキシブルに考えたいと思います。ほんとうに地平線を広げたいと思ったら、六年は必要でしょうね。大学はトレーニングの場ではないのです。（二〇一二年、ラヴィニア音楽祭にて）

早く学ぶか、じっくり学ぶか。アメリカには個人の考え方や能力に応じてさまざまな選択肢がある。あらためて「自分は音楽とどう向き合いたいのか、それにはどう学べばいいのか」を熟考することも大事。そして、その選択は学生自身にゆだねられている。

音楽院でも高まるリベラル・アーツ教育の需要

いっぽう、音楽の専門教育をおこなう音楽院でも近年、リベラル・アーツの需要が高まってきている。

ジュリアード音楽院ではコロンビア大学と提携し、リベラル・アーツ科目の単位が取得できる。またカーティス音楽院（ペンシルヴェニア州）では履修単位数が、パフォーマンス五一単位、ミュージカル・スタディー五一単位、リベラル・アーツが三〇単位、さらに各専攻分野の必修科目が定められている。演奏実技が多いのは当然であるが、リベラル・アーツ三〇単位（美学・哲学／芸術史／第二外国語〔英語〕／英語・英文学／歴史／人文学／言語学／科学）はけっして少ない数ではない。

同音楽院副学長ジョン・マンガン氏はこう語る。

音楽院なのでやはりパフォーマンス〔オーケストラ、室内楽、ソロ、作曲など〕がカリキュラムの主要な部分を占めています。ただそれだけでなく「アーティストの人格を形成すること」というのがモットーであり、音楽史、音楽理論、ソルフェージュ、ハーモニーなどの音楽科目以外にも、リベラル・アーツの学びを広げてほしいと考えています。他の音楽院とくらべると、少し多いかもしれませんね。音楽学士号(B.M.)を取得するためには、たとえばシェイクスピアやローマ史、中国史、日本史、文学、哲学、心理学……といった勉強が必要になります。こうしたリベラル・アーツは演奏家としての芸術性を高め、思想を深めてくれます。これまで受け継がれてきた偉大な歴史遺産の解釈者となり、想像力を働かせてそれを新しい方向へ導くこと、それが〝主張のある音楽家(artists who has something to say)〟なのです。

リベラル・アーツのカリキュラム自体はこの一〇年間はほぼ変わっていないそうだ。しかし三〇～五〇年前はまだ授業でとりあげられていなかった。一九六〇年代後半から七〇年代にかけてミュージック・スタディー(音楽学)、その少し後からリベラル・アーツが科目として加わるようになった。楽

カーティス音楽院のティー・セレモニーで紅茶を振る舞うピアノ科教授のエレノア・ソコロフ先生（左）。100歳を超えてなお現役!（2011年撮影）

ジョン・マンガン氏

曲解釈を深めて演奏に反映させるには、思考や思想形成が重要であるとの認識が定着した証だろう。

カーティス音楽院は全学生数一六〇名余りのアットホームな校風である。毎週水曜日にはロビーでティー・セレモニーが開かれ、なんと教員が生徒やスタッフのために紅茶を淹《い》れる。これは創立時からの伝統だそうだ。建物は広場に面した角地にあり、左に進んでいくと、最近建てられたばかりの立派な学生寮がある。

またバークリー音楽学校（ボストン）では音楽学士号取得に要する単位は、和声や聴音、アンサンブルなどのミュージック・スタディー四〇単位に対して、リベラル・アーツ四〇単位と比重が高い。さらに三〇単位が主専攻科目にあてられる。リベラル・アーツ必修科目は、芸術史／英語／歴史／人文学／数学・自然科学／音楽史／音楽と社会／社会科学／テクノロジー・リテラシー／その他選択科目である。この大学はキャリア形成重視教育で知られるが、たとえば音楽ビジネス主専攻の場合は、リベラル・アーツ必修科目にデータ処理・統計学や国際経済学などが加わる。また最近新設された主専攻科目には国際ビジネス・ライセンス（ストリーミング・サービス、ダウンロード、TV、映画、ゲームなど）と、デジタル・マーケティングがある。そして近年ではアントレプレナーシップ（起業家精神）の育成に力を注いでいるそうだ。

自立した一音楽家としてどのような知識やスキルが必要なのか、そこから逆算してカリキュラムが構築されている。だからこそ、演奏実技以外のミュージック・スタディーとリベラル・アーツが一対一の割合というのは興味深い。

多くの可能性の中で幅広く学ぶ環境は、自分なりの視点を磨くきっかけになるのではないだろうか。ピアニストの浦山瑠衣《うらやまるい》さんは、京都市立芸術大学卒業後、同じくボストン市内にあるボストン音楽院修士課程で学んだ（二〇一四年に修了し、現在はアーティスト・

バークリー音楽学校

浦山瑠衣さん

ディプロマに在籍）。学校はとても伸びやかに勉強できる環境だそうだ。週一回の個人レッスン、門下の弾き合い会、ピアノ科の弾き合い会、室内楽クラス、マスタークラスなどの演奏実技に加えて、半年のセメスターごとにひとつのトピックを深く掘り下げていく「音楽史セミナー」という授業がある。浦山さんは「アメリカ音楽史」「映画音楽」「コンチェルト」などを履修。「映画音楽」ではチャップリンのモノクロ映画から分析していき、「コンチェルト」は主要作曲家による協奏曲を徹底して学ぶ。もちろん、すべてにおいて本格的な論文も課される。浦山さんは二〇一三年度ピティナ・ピアノコンペティションでグランプリを獲得したが、そこで弾いたアルベニス《イベリア》もかつて論文でとりあげたテーマである（「《イベリア》の中にみるフラメンコのリズム」）。自身もフラメンコを踊るのが大好きという浦山さん。自分なりに掘り下げた視点が、個性ある演奏につながった好例である。

違う視点から音楽を見るリベラル・アーツの学び

――諏訪内晶子（ヴァイオリニスト）

現在ヴァイオリン奏者として世界中で活躍している諏訪内晶子さん。エリザベート王妃、チャイコフスキー国際コンクールという二大コンクールで輝かしい成績を修めたのち、米国へ留学した。そのときにリベラル・アーツも学んだそうである。その経験を語っていただいた。
（二〇一二年、エリザベート王妃国際コンクールにて）

――エリザベート王妃国際コンクール第二位（一九八九年）、そしてチャイコフスキー国際コンクール優勝（一九九〇年）と素晴らしい成績を収められましたが、大規模な国際コンクールはエリザベートがはじめてだったのですか？

諏訪内晶子さん

そうですね。私の場合は江藤俊哉《としや》先生がいらしたおかげで、日本にいながらにして世界と同等に競うレヴェルにいられたと思います。やはり教師はたいせつだと実感します。

また桐朋学園でソルフェージュ（フランス式）、そして副科のピアノを幼少から訓練していましたので、ヴァイオリンのパートだけではなく全体を見ながら、苦労なく現代曲にも取り組むことができました。ソルフェージュ、テクニック、ピアノ、読譜力……総合的な力を初期の段階でまんべんなく身につけておくことが大事ですね。あらためて、人を教えるというのは責任のある仕事だと思います。

――初期の教育は大事ですね。ところでジュリアード音楽院留学中には、コロンビア

大学でリベラル・アーツを学ばれたそうですが、それはご自身の音楽にどのような影響を与えていると思いますか？

人によってさまざまな道があると思いますが、私の場合は留学する前に国際コンクールで優勝し、その後すぐに世界各国での演奏活動に入るという状況でした。普通とは順番が逆になりましたが、ちょうど幹から枝葉を広げていく段階に入っていたので、自分としてはあらゆるものを吸収したかったのですね。これも指導者との出会いがきっかけなのですが、留学先のジュリアード音楽院院長が人格形成を重視している方で、「音楽家といえどもいろいろなことを理解しておくべき」との方針で、コロンビア大学との単位交換提携制度を始めたばかりでした。このような新たな環境にめぐり合えたことも大きかったですね。演奏活動を続けていくなかで、いまでもその学びが糧《かて》になっています。

――音楽家がリベラル・アーツを学ぶとき、美学・哲学・文学などという選択が多いように思いますが、政治思想史を選ばれた理由を教えていただけますか？

哲学、文学、宗教などの一般的な教養は、ジュリアード音楽院本科では人文科学という教科が必修科目としてあり、その他美学の授業もありました。しかし、政治思想史の授業は、ジュリアード音楽院にはありませんでした。

エリザベートを受けたとき、ソ連［現ロシア］の参加者がペレストロイカの話をしていました。ロストロポーヴィチなどがショスタコーヴィチやプロコフィエフの話をするときも、必ずそこには政治の話がかかわってきます。音楽も美術も政治も、人間社会が必ず反映されています。ですから政治思想史ではまず歴史を学び、その中で政治家たちがどういう哲学をもって国家を治めてきたのかという勉強をします。たとえばバッハの時代背景をまったく違った視点から見ることで、より深い理解につながっていくと思います。

第 3 章

音楽を〈広げる〉

――――― 社会の中での大学院の新しい使命

大学から社会へ

——どのように実社会へつなげていくのか

すぐれた音楽能力と幅広い基礎教養をあわせもち、社会に貢献する音楽家。そんな未来像に向けて、各大学音楽学科や音楽院ではカリキュラムを組んでいる。

『音楽家を成功に導く12章』の著者アンジェラ・ビーチング女史は「社会の変革の担い手としての音楽家」を提唱し、これからの音楽家は卒業前に社会への意識を高めることが大事という。では大学から社会に対して、どのような働きかけがなされているのだろうか。各大学がめざす「音楽家の社会的役割」が少なからずプログラムに、それは反映されているはずである。

まずは大学の中で社会勉強！

○　カレジエイト・チャプター活動でリーダーシップを育む

大学での学びは、卒業後に実社会で生かされることが望ましい。もし在学中に実社会との接点をもてれば、その生かし方のヒントが得られ、さらに学びが修練されていくだろう。

たとえば全米音楽指導者協会（Music Teachers' National Association、ＭＴＮＡ）では、毎年カレジエイト・チャプター賞（MTNA Collegiate Chapter）を授与している。カレジエイト・チャプターとは学生三人以上で構成される大学内ＭＴＮＡ分科会で、その上部組織にあたるＭＴＮＡ支部やＭＴＮＡの活動にかかわることで、未来の音楽指導者としてのリーダーシップスキルやマインドを習得していくものだ。二〇一一年度はウィスコンシン＝マディソン大学音楽学科、二〇一二年度はミシガン州立大学音楽学科の学生で構成されるカレジエイト・チャプターが同賞を受賞した。

カレジエイト・チャプターはＭＴＮＡとミッションを共有し、将来音楽教育者・演奏者・研究者にな

2012年度 MTNA カレジエイト・チャプター賞を受賞したミシガン州立大学

るであろうすぐれた学生をスカウトしてＭＴＮＡの活動に参加させたり、ＭＴＮＡの年次大会や支部総会への出席や研究発表、指導者ネットワークへの参加、ＭＴＮＡの会報誌の定期購読、他大学分科会との合同マスタークラス開催などをおこなっている。

○ ワーク・スタディー体験で社会での役割を知る

アメリカの大学にはワーク・スタディーという制度があり、学生は学校内で働いて賃金を得ることができる。ジュリアード音楽院大学院課程在学時にワーク・スタディーを経験した芝山千紘《ちひろ》さんは、演奏家として身を立てていくうえでたいへん参考になったという（音楽院の事例ではあるが、大学にも同じような制度がある）。

大学院のときにジュリアード音楽院内のライブラリーで働き始めて、オーケストラやアンサンブルでの楽譜の管理や準備のしかたを学びました。二〇〇九年の卒業後に迎えた夏、ちょうど音楽関係の仕事を探していたときに見つけたのがニューヨーク・ユース・シンフォニー（New York Youth Symphony）のライブラリアンでした。指揮者と演奏者のあいだに入り、リハーサルやコンサートをできるだけスムーズにおこなえるように楽譜を用意するのがライブラリアンの仕事のひとつです。演奏家の立場になると、「この楽譜は読みやすいかな、ページはめくりやすいかな」などをつねに考えなければいけません。いっけん地味な仕事ですが、クラシックの世界ではきちんとした楽譜が必要不可欠ですので、責任重大で重要な仕事だと思っています。それ以降も、母校でライブラリアンが必要になったときには手伝ったり、最近はセント・ルークス・オーケストラのライブラリアンにもパートタイムとして就職しました。コンサートのプロデュースにあたってどれだけ裏方の仕事が大事かを学んだのは、自分たちが立ち上げた音楽団体ＭｕＳＥ［125頁を参照］での経験もありますが、やはりこの仕事をしてきたからだと思います。

演奏を活動の主軸にしつつも、演奏家をサポートするライブラリアンの仕事もたいせつにする。それは、社会の中で自分の資質をより有意義に生かすことになる。これも彼女がワーク・スタディーをとおして学んだ成果のひとつかもしれない。

インターンや助成プログラムをつうじて社会体験を

○ 将来のイメージを広げるインターンシップ経験

インターンシップは通常三、四年生でエントリーすることが多いが、ひとあし早く経験する学生もいる。コロンビア大学とジュリアード音楽院のエクスチェンジ・プログラム生のシンシア・ユンさん（前掲）は、二年目の夏に大手アーティスト・マネジメント会社「IMGアーティスト・ニューヨーク」でインターンシップを経験した。

アーティストのコンサート契約やプロモーションにかかわる部署で働きました。契約書を管理したり、アーティスト・プロモーションのためにプレスキットや資料をまとめたり、さまざまな仕事をさせてもらいました。私のいた部署以外にもアーティスト・マネジメント、ツアー手配、フェスティヴァル、デジタル・マーケティング、ブッキングなどにかかわる部署があり、そのすべてにインターン生がいました。みな同じインターン事務所に出入りしていたので、お互いに情報交換できたのも良かったです。

コロンビア大学にはインターンシップの情報を提供・斡旋《あっせん》するオフィスがあるが、シンシアさんは自分でインターネットで見つけて応募したそうだ。それまでは音楽業界の一部しか見えていなかったが、この経験をとおして、アーティスト・マネジメント業務そのものにもより多くの可能性があることを知ったという。「将来は音楽と勉強のどちらを取ろうか迷っていましたが、二者択一ではなく、自分が学んできたことを音楽の中で統合して生かせればいいなと思います。これから自分が音楽業界の中で何ができるのか、幅広く考えていきたいです」とモチベーションが高まったようだ。

○ インターンシップ経験を生かして、キャリアを積む

現在日本の音楽業界でコンサート企画やファンドレイジング活動支援をしている伊藤美歩さん（有限会社アーツブリッジ代表、前掲）は、アメリカの大学・大学院で四つの学位を取得し、じっさいにオーケストラ事務局で仕事をしていた方である。高校時代からアメリカで、大学進学にさいしては音楽と経済を同じクオリティーで学べる大学を求め、ノース・ウエスタン大学に進学。そして三年次から主専攻をパフォーマンスから音楽ビジネスに変更した。そのとき、自らカリキュラムを作ったそうだ。これは「アドホック」と呼ばれ、専任のアドヴァイザーがつく。伊藤さんには、元シカゴ・トリビューン紙記者がついてくれた。カリキュラムにはジャーナリズムやアントレプレナーシップなどの科目に加え、インターンシップもあり、インターン先もアドヴァイザーと相談しながら決めたという。

アーティスト・マネジメントの会社では、シカゴ・リリック・オペラに歌手を多く送り出していた方のアシスタントを務め、アーティストのプロフィールや写真を手配したり、録音テープを作ったりしました。それだけでもすごく学びがありましたね。どれだけ多くのも

のを送ったすえにようやくひとりのアーティストが決まるのかがわかりました。また芸術関連の中間支援組織はインキュベーター（起業家支援者）のような存在で、助成金再配分後の評価をしていました。職場はほとんど女性で雰囲気もよかったです。複数の団体のマネジメント・スタイルをみることで、自分なりに「こうしたい」という考えが見えてきました。

ディズニー・ホール建設サイト・ツアー中の伊藤美歩さん（左から２人目）。

卒業後はサン・アントニオ交響楽団で三年間勤務、その中で健全な芸術団体運営がいかにたいせつかを痛感し、尊敬する上司の勧めもあってサザン・メソジスト大学院で経営学を学ぶことに。このときも二年間でＭＢＡとＭＡ（マスター・オヴ・アート・マネジメント）の二学位が同時に取れるプログラムを選択した。修士課程は三年以上の社会人経験が前提条件となっており、最低限の課題認識をもっているため全員モチベーションが高いという。

ビジネス・スクールとアート・マネジメントはまったく違う世界でし

たが、組織論やリーダーシップなどビジネスの人が学んでいる基礎を知るのにいい機会でした。どんな良い企画をする芸術団体でも、活動規模を拡大したり、基盤を確立するにはビジネス・センスも必要です。たとえば収入を増やすにはどうしたらいいか、どんな目標を設定してどう進行させればいいか、といった普通のロジックですね。社会企業家はNPOだからといって非営利団体の枠のなかに自分たちを押し込めてはいません。やはり両方の頭をあわせもつバランス感覚が大事だと思います。

そしてこのときは大学院で経営学を学びながら、ダラス交響楽団、ダラス・オペラ、ロサンジェルス・フィルハーモニックの夏の本拠地ハリウッド・ボウルでインターンシップを経験した。

インターン先はプログラム・アドヴァイザーからの推薦がほとんどでした。その人の何を生かすのか、何を学ばせるのか、そこまで考えて推薦してくださるので、アドヴァイザーのキャパシティーに拠《よ》るところが大きいですね。修士課程ではMBAも取っているので、下積みのような仕事ではなく、かたちある仕事をさせていただきました。ひじょうに実践的なプログラムでしたね。私は実践重視派なので、すべてこうしたインターンシップで学びました。アメリカでは良い意味で放っておかれますので、自分で提案したり考えることが求められます。わからないところは自分で聞いて行動することができてあたりまえなんですね。ですからたいへん勉強になりました。

修士号取得後、二年目の夏にインターンをしたロサンジェルス・フィルへの就職が決まり、以後ファンドレイジングの仕事をすることに。現在はその多彩な経験を生かし、音楽と美術、音楽と文学などをつないでコンサートを企画する「ミュージック・ダイアローグ」を日本で展開している。インターンをとおして実社会の動きや働き方を学び、キャリアにつなげた一例である。

地域コミュニティーとパートナーシップを築くプログラム

このように、近年多くの大学や音楽院で、地域社会にアプローチする音楽活動が積極的に取り組まれている。それを象徴するのは、かつての「アウトリーチ」という言葉から、「パートナーシップ」「エンゲージメント」「レジデンス」といった言葉がひんぱんに使われるようになったことだ。これは、ホールから街中へ出張コンサートという単発の演奏活動から、地域コミュニティーをパートナーとしてとらえ、より密接かつ長期的なかかわりをもつ活動が主流になってきたことを示唆している。

たとえばイエール大学音楽学校では「コミュニティー・エンゲージメント・シンクタンク（Community Engagement Think Tank）」という、音楽をつうじた地域コミュニティーとのかかわり方を考えるプロジェクトをおこなっている。土曜日ごとにセミナーが開かれ、ゲスト・スピーカーの講義とグループ・ディスカッションがおこなわれるそうだ。またジュリアード音楽院の教員のひとりは、ニューヨーク・フィルハーモニックによる「スクール・パートナーシップ・プロジェクト」一員として、小学校コンサートを実施している（174頁を参照）。カーティス音楽院でも地域社会での音楽活動が長くおこなわれていたが、より計画的・長期的に地域密着型アーティスト育成に取り組むため、二〇一一年秋から「コミュニティー・アーティスト・プログラム（Community Artists Program）」が実施されている。

プロボノをつうじてＮＰＯ設立――自ら創造・発信するために

「音楽の力で世界に良い影響を与えたい」――ニューヨークを拠点に、日本人音楽家が立ち上げたＭｕＳＥ（ミューズ、Multicultural Sonic Evolution）というグループがある。北村ゆいさん（作曲）、芝山千紘さん（パーカッション）が中心となり、若手の音楽家、ダンサー、芸術家などを応援しながら、多文化で多ジャンルなコンサート作りをめざしている。現代音楽、ダンス、室内楽など多様なジャンルのプログラムを詰め込んだ「サウンズ・オヴ・アーツ・フェスティヴァル（Sounds of Arts Festival）」は毎年好評で、とくに新作ミュージカルは人気が高いそうだ。作曲家や脚本家との段取り、キャストを決める配役オーディションなど、すべての責任者を北村さんが務める。また一八歳以下の作曲家を対象としたコンクール（Young Composers Competition）にも力を入れている。毎年異なった楽器編成で課題を出し、上位五名の作品はＭｕＳＥが用意したプロの演奏家によってニューヨークで初演され、コンサートのレコーディングの機会も与えられる。

北村ゆいさん（右）と芝山千紘さん（左）

七年前、このグループを始動させるにあたって彼女たちは組織をＮＰＯ団体にすることを決めた。

グループとして活動していくうえで、法律上ＮＰＯになっていなければならないというわけではありません。それでも私たちがＮＰＯ団体になることを決めた理由は、(1)寄付をしていただいた方に税金免除の優遇措置や、政府やプライベート・ファンデーションの助成金に応募できるというメリットがあること、(2)公演によって楽器編成や内容が変わるため、活動者の人数が定まっていないこと、(3)クラシック音楽にとどまらず、ミュージカル、現代音楽、ダンスとのコラボレーションなど、音とかかわる芸術作品を企画していきたいということ、そしてなにより(4)演奏能力が高くても他方面の能力（コミュニケーション能力や仕事につながるチャンスをつかむ才覚など）との釣り合いがとれず、仕事を見つけるのに苦労していたり、演奏の場所が限られていた音楽仲間がいたことです。ニューヨークは新作に対して心が広いのですが、それでも発表する機会がなく埋もれていく作品がたくさんあります。脚本や楽曲を書くという立場ゆえに表舞台に立つことがないアーティストの作品を紹介していきたいと思っていました。

そしてNPO化の手続きは弁護士のプロボノ活動に力を借りた。プロボノとは各分野の専門家が、その能力やスキルを無償提供する社会貢献活動のひとつである。

芝山さんはこう語る。

NPOになることのむずかしさは当初わかっていませんでしたが、創設者のひとりの元生徒が大手事務所の弁護士で、「僕の会社で小規模団体のNPO化を無償で手伝うサービスがあるから申し込んでみたら？」と聞かれ、「そんなサービスがあるならぜひ！」と。最初は彼ひとりでしたがのちには三、四人に増え、全員若手でした。二年かけていろいろ勉強させていただき、二〇〇九年にNPOになりました。どんなに小規模でも会社として存在しているため、たいへんなこともありますが、その事実があるからこそ、「なにごともちゃんとプロフェッショナルにやらなくては」とがんばれるのだと思います。他の仕事をしながらの活動ですが、MuSEは私たちのユニークな個性となってくれています。なにより、自分たちが作り上げたプログラムがうまくいったときは感動的です。

北村さんと芝山さんの二人はジュリアード音楽院で出会い、多くの先輩や同窓生がグループを作ってがんばっているのを見て刺激を受けたそうだ。

北村さんはジュリアードの作曲科を修了したのち、さらに腕を磨くためニューヨーク大学大学院に進学し、ミュージカル・シアターの作曲を勉強した。授業はすべてコラボレーションでおこなわれ、作曲家、脚本家、作詞家などランダムに組まされた二、三人で課題作品を制作し、批評をされながら学んでいく。一年目は種々の課題をこなし、二年目はパートナーとともにミュージカルを一本仕上げた。現在ＭｕＳＥのフェスティヴァルでは、大学院時代の同級生の作品も採用しているそうだ。これから書いてみたいテーマとして、「現実の世界から楽しい夢の世界に行ったと錯覚できるような、家族で楽しめる作品を作っていきたいです。また、科学を科学として、歴史を歴史として学ぶのでなく、芸術作品をとおして楽しく知識が身につくような作品も書きたいですね」と志は高い。二〇一四年春には「ミューズ・コーラス」を立ち上げ、クラシックやポップスも取り入れながら、より多くの人に「歌うことを楽しんでもらう」をモットーにしている。昨年六月に初開催した演奏会は満席だったそうだ。高い音楽能力に加え、社会への貢献意識とＮＰＯとしての自覚が、結果として「多ジャンルで多文化」な音楽活動に個性を与えているようだ。

コラム

大学講師も助成プログラムで、コミュニティー・アーティストを経験

ヴィオラ奏者として活躍する大島路子さんは、桐朋学園大学卒業後に渡米、シラキュース大学で講師を務めるかたわら、コミュニティー・レジデンス・アーティストとして活動した。これは地域振興とアンサンブル・キャリア促進を目的とした三年間の演奏・教育プログラムで、大学がホストとなり、大島さんが所属するカサット四重奏団と一緒に申請し、全米室内楽協会（Chamber Music America、ＣＭＡ）の助成を受けたものである。このプログラムを始めるにあたり、ＣＭＡが実施する五日間のセミナーを受けたそうだ。

大島路子さん（後列右）が活動していたカサット四重奏団

活動のビジョン、地域との密接な関係構築、アンサンブルの魅力の伝え方、聴衆や学校の先生とのかかわり方、新しい演奏方法な

ど、楽器を持たずにひたすら講義を聴き、さまざまな指針を与えてもらいました。他団体と一緒でしたが、それぞれ自分たちの方向性をきちんと発表していました。

さらにこのプログラムは将来仕事としてなりたたせることをめざし、一年目、二年目、三年目と助成金が半減していくよう設定されていたため、そのぶん、どのように自分たちで仕事を作っていけばよいのか、アドヴァイスをくれたそうだ。そこで大島さんら四人はＣＭＡの助成金のほか、大学、個人、企業などに個別に頼んで支援してもらったという。また大学外活動のコーディネートは、すべて自分たちでおこなっていた。

市内の学校でのアウトリーチにかんしては、音楽学部の教授から地域の音楽教師の名前、学校名、連絡先を教えてもらい、片っ端から電話しました。私が担当だったので、そのために毎朝早い時間に学校へ行っていました。とくに弦楽器プログラムやオーケストラがある学校を中心として、全校生対象のコンサート、オーケストラや室内楽の指導など、学校のプログラムに合わせたものを音楽教師とデザインしていきました。また障碍児《しょうがいじ》学級のクラス（Enable）や、ティーンエイジャー対象の生命教育（Planned Parenthood）の組織の集まりで演奏し、若者と交流したのも印象的でした。

ホストであるシラキュース大学では、音楽学部だけでなく他学部もそうした活動をバックアップしてくれた。

音楽部の隣にある政治科学部の豪快な学部長が音楽好きで、彼らの主催するイヴェントでよく演奏して寄付をいただいていました。また図書館にはミクロス・ローザ［映画『ベン・ハー』の音楽を担当した作曲家］の作品が多数所蔵してあったので、「所蔵図書を活かす」という名目で、ローザの弦楽四重奏曲を図書館のイヴェントで弾いたりもしました。また、一年ごとにひとりずつ学生がコーディネーターとして働いてくれるのですが、二年目にはヴィオラ専攻の学生がどんどん仕事を学んでくれたのが頼もしく、うれしかったのをよくおぼえています。彼らはおもに、音楽学部内でのオーケストラの分奏や公開リハーサル、作曲科の学生作品の試演、コンサート後のレセプションなどのコーディネートをしてくれました。

コミュニティーのレジデンス・アーティストになるということは、地元の聴衆に支持されるということでもある。アウトリーチ先での聴衆との出会いは、いまでも大島さんの心に深く刻まれている。

アウトリーチでは学校や病院にたくさん行きました。とくに一年目は、一日にいくつもイヴェントを入れてしまってクタクタというときもありました。そんななか、あまり裕福でないエリアの公立小学校で演奏したとき、はじめて聴く弦楽四重奏の音に子どもたちが目を輝かせていたのは、格別な経験でした。病院でも車イスで聴いてくれていた年配男性が、少し激しい曲が終わったときに感激して、「Oh boy, oh boy, oh boy...!」と止まらなくなったのですが、直接的な反応としてとてもうれしいものでした。お医者さんや病院スタッフも、ランチタイムに違う世界にちょっと行けた、と喜んでくれました。

レジデンス・アーティストは三年間という長期の活動が求められる。しかしすべては、一瞬一瞬に思いをこめた音の積み重ね。それがいつしか音楽の輪となって街中にじわじわ広がっていた。

かつてシラキュース交響楽団で秋山和慶《かずよし》先生が常任指揮者を務めておられたのですが、長年楽団員からほんとうに愛されていて、その後も年に一、二回客演していらっしゃいました。その秋山先生の大ファンの日本人夫婦が、私たちのことも心からサポートしてくださって、プログラム後半ではいつもお宅に泊めていただいていました。また、彼らの楽団関係の仲間（楽団員や街の方も含めて）とのパイプ役になってくださったのもありがたいことでした。街の人々が大学の意義や存在価値を認める要因のひとつに、音楽が、あるいはレジデンス・アーティストがなりうる、ということが私たちとしても学部としてもいちばんうれしいことです。

どうすれば音楽が社会で必要とされるのか、そのためにどう相手とかかわるか。それを考えるプロセスが大学の音楽教育のプロセスとして含まれていた、と語る大島さん。二〇一四年四月からは、母校の桐朋学園大学でキャリア支援活動に携わっている。

シラキュース大で怖いもの知らずでいろいろな方に電話した経験から、いま日本の学生には「まずいろいろな人に話してみましょう」とよく言っています。自分たちのやっていることが相手の役に立つと信じられれば、聞いていただけることも多いと思うのです。またコミュニティーで人とかかわることが仕事の一部でもありましたので、コンサートが終わってからのレセプションのほうが大事といっても過言ではありませんでした。人の名前をおぼえたり、他の学部について勉強しておいたり、美しいお礼の言い方も含めて基本的な挨拶《あいさつ》がちゃんとできたり、ひとりだけとずっと話したりしないように、などのスキルも身につきました。いまは日本でもできそうな方法で応用を試みているところです。

実社会は音楽・芸術をどう見ているのか？
――大学は巨大なコミュニティー拠点

ともに音楽文化を発信するパートナーとして

○キャンパスでオーケストラを広報する――学生アンバサダー

では、社会のほうは音楽・芸術をどうとらえているのだろうか。

実社会とは、いってみれば、さまざまなコミュニティーの集合体である。その実社会を二つの局面に分けて考えてみたい。ひとつは、音楽に関係のある場、もうひとつは音楽と直接かかわりのない場である。

まず音楽に関係のある場――たとえば芸術や音楽の創造・研究・発信の拠点であるオーケストラや美術館、博物館などは、次世代の人材を抱える大学と密接な関係を築いている。近年、そのパートナーシップはより緊密になっているようである。

たとえばフィラデルフィア管弦楽団は、ペンシルヴェニア大学音楽学科が提供する個人レッスン・プログラムで教えることがある。ノース・ウェスタン大学ではシカゴ交響楽団のメンバーが指導にあたる。また多くのアーティストがスタンフォード大学やカリフォルニア大学内のコンサート・ホールで演奏している。オハイオ州クリーヴランド市にあるケース・ウェスタン大学にいたっては、キャンパス敷地内にクリーヴランド交響楽団の拠点セヴェランス・ホールがある。

ここでは、クリーヴランド楽団とケース・ウェスタン大学の提携プログラムについて触れたい。学生向け特典の一例として、木曜定期公演が抽選で無料になるほか、クリーヴランド交響楽団学生優待プログラムに加入すると、コンサート・チケットが一〇ドルで購入できる。また二〇一二年秋より年間五〇ドルの学生ファン・カードを発行。カードを提示すればいつでも定期公演に入場可能という気軽さが人気で、半年間で四〇〇名以上がパスを購入している。これにより、学生の年間平均来場数は一・二回から三回へアップしたそうだ（同楽団マーケティング部長ロス・ビニー氏談）。

そして二〇一一年からは「学生アンバサダー」を募《つの》っている。彼らは自分の大学キャンパスで、オーケストラの広報を務めるのである。そのひとりセス・パエさんは同大音楽学科のヴィオラ科専攻で、一年半前から学生アンバサダーを務めているという。

自分も学校代表、地元代表としてなにかできるかもしれないと思ったんです。街中にスポーツ・チームやレストランがあるように、オーケストラも街の一部。クリーヴランドは自分が生まれ育った街であり、そこが世界的オーケストラをもっていること、それを市外から来た他の学生たちに伝え広めることは、自分のプライドでもあるんです。

広報手段としては、メールで友人知人にコンサートの案内を送ったり、ポスターを掲示したり、リハーサルなどでおおぜいが集まったときに口頭で呼びかけたり。彼は直接の対話をいちばん大事にしており、これまでに一〇〇人近くと話し、うち三〇〜四〇人は実際にコンサートに足を運んだようで

クリーヴランド交響楽団の学生アンバサダー、セス・パエさん

ある。二〇一二年現在一一名の学生アンバサダーが活動しており、コンサート前にディナー・パーティーを開いて毎回新しい友人を誘ったり、少し離れてはいるが、ニューヨークでも熱心に活動しているメンバーがいるそうだ。

　また学生音楽リポーターも活躍している。そのひとり、アン・ニコロフさんが書いた記事はケース・ウエスタン・リザーヴ大学の機関紙『オブザーヴァー』に掲載された。クリーヴランド交響楽団が学生割引プログラムを始めたこと、レストランや美術館も割引になること、ホールの豪華な内装、コンサート・プログラムと演奏の面白さ、そして最後はクラシック音楽ファンでなくとも「いちどは聴いてみて！」と結ばれている。

　こうした学生対象プログラム増加の背景には、「コミュニティーへの貢献を高めたい」という考えがある。その努力が実り、二〇一三年にはクリーヴランド・コミュニティー財団から過去最高額一〇億円の助成を受けた。おもな決定理由は「若い聴衆拡大のための継続的努力」が評価されたことである。

　コミュニティー財団とは公的性格の強い中間支援組織で、地域市民からの寄付を集めてコミュニティー内の教育・環境・経済・福祉事業などへ投資する、市民のための財団である。ここクリーヴランドで全米に先駆けて一九一四年に創設された。三〇~四〇年前からは音楽・芸術分野への支援も始まり、「芸術文化活動はコミュニティーに活気を与え、経済を活性化し、教育など人間生活全般に影響を与える、コミュニティーの重要な要素」と考えられている。

そのコミュニティー財団からの支援には、地域の総意にもとづくという含みがある。学生アンバサダーや学生ファン・カードは、大学という文化学術コミュニティーとの架け橋であり、広義にとらえれば地域社会貢献なのである。

近年クリーヴランド交響楽団は、地元の大学だけでなく、遠隔地にもコミュニティーを築き始めている。マイアミ大学付属音楽学校へのレジデンシー・プロジェクトを二〇〇七年から始め、向こう一〇年間継続する予定だ。毎冬楽団メンバーがクリーヴランドからマイアミへおもむき(毎冬一週ずつ×三回)、音楽学科生にオーケストラのコーチングやマスタークラス、オーディション・ワークショップなどをおこなう。おもな対象は弦楽器・管楽器・打楽器・指揮科の学生。作曲学科生に向けては新曲のリーディング・セッションをおこない、なかにはクリーヴランド交響楽団公演で演奏される場合もある。二〇一〇年にはニュー・ワールド・シンフォニーとマイアミ現代美術館の協力のもとで、作曲学科生二名による室内楽作品が世界初演された。このレジデンシー・プロジェクトは、クリーヴランド交響楽団およびマイアミ大学音楽学校双方の寄付金と財団助成によって運営されており、学生は無料で受けることができる。

○ 学生に企画経験を――ティーン・カウンシル

ダラス交響楽団には、一〇代学生で組織されるティーン・カウンシル（DSO Teen Council）がある。現音楽監督ヤープ・ヴァン・ズヴェーデン氏が起案したもので、二〇〇八年に結成された。現在二二名が在籍し、最年少は一六歳で大学生が二名含まれている。彼らはそれぞれ作曲、指揮、ピアノなどの楽器を習っている音楽学生でもある。毎年一回、彼らが企画するコンサートが開催され、二〇一三年は「ダラス交響楽団をもっと知ろう！　コンサート」というテーマでおこなわれた。プログラムは次のとおり。

ジョン・ウィリアムズ（ラヴェンダー編曲）：ジョン・ウィリアムズに捧ぐ

プロコフィエフ：チェロ協奏曲（第二楽章）
ブラームス：交響曲第三番（第四楽章）
メンデルスゾーン：ヴァイオリン協奏曲（第一楽章）
ラフマニノフ：交響的舞曲（Lento assai — Allegro vivace）

当日会場は満席で、ワイワイとにぎやかな雰囲気がティーン企画のコンサートらしい。まずはティーン・カウンシル代表の元気な挨拶から始まった。曲間ではカウンシル・メンバーが二人ずつステージに登場し、ダラス響メンバー（コントラバス奏者）、ソリスト（一七歳のチェロ奏者とダラス響第二ヴァイオリン奏者）、指揮者に対してインタヴューがおこなわれた。質問は「何をきっかけに音楽を習い始めたのですか？」「大学でのいちばんの思い出は？」などなど、普段のコンサートではなかなかお目にかかれない演奏者の素顔に迫る。なかでも爆笑を誘ったのは指揮者への質問で、「指揮をしてい

ダラス交響楽団ティーン・カウンシル（写真提供：Dallas Symphony Orchestra）

ダラス交響楽団ティーン・カウンシル企画によるコンサート。ロビーには高校生や大学生があふれ、ダンス・パーティーが開かれた。

て、いちばん恥ずかしかった思い出は？」「演奏の途中で指揮棒がぴゅーっと飛んでいったことかな！」とユーモアあふれるご回答。学生によるミニ・インタヴューは、会場もリラックスして楽しい雰囲気に包まれた。

　では、ティーン・カウンシルの採用基準とコンサート企画のプロセスはどのようなものなのだろうか？　教育部門コーディネーター、キーラ・ロウェさんにうかがった。

　毎年約四〇名の応募があり、五、六名ずつ採用しています。採用基準は、チームワークがとれるか、音楽に情熱をもっているか、真剣に取り組んでいるか、それをどれだけ明確に語れるか、ですね。ざっくりとした質疑応答ですが、その受け答えで採用を決めています。また企画の流れとしては、まず教育チームとマーケティング・チームで話し合い、来季に予定しているプログラムの中から選曲します。その後ティーン・カウンシルのみなさんを呼んで、その中から彼らが好きな一〇曲をピックアップしてもらい、最終的に教育部門ディレクターが調整して決めました。

ミーティングは月一回おこなわれ、コンサート企画以外にも、コミュニティー・コンサートなどボランティアの機会がある。また音楽史の勉強会もおこなっており、来年からはプログラム・ノートを彼らに書いてもらうかも、とキーラさんは語っている。実際の企画運営にかかわってもらうことで、将来コミュニティーを代表する音楽リーダーを育てたいという思いがある。これはコミュニティーの高校生・大学生を対象とした人材育成プログラムでもあり、高校生・大学生にとってはアクティヴ・ラーニングの機会になっている。

創造性ある社会人を育てる場として

○ コミュニティーから寄付が生まれる背景

いっぽう、実社会の中でも、音楽と直接接点のない場とは、どのような関係を築いているのだろうか。大学がより広域の地域・学術コミュニティーに対して「どのような働きかけができるのか」は、健全な運営にもかかわってくる。

大学がコミュニティーに根ざしている証として、寄付金がある（州立大学の場合には州政府からの助成や州の出身者には学費を減免するなどの奨学金制度があるが、ここでは地域コミュニティーと大学の関係性に着目する）。アメリカでは、コミュニティーの誇りとなるような芸術活動や文化財に対して個人や企業から寄付が寄せられるが、音楽学校もそのひとつと考えられている。私立・州立にかかわらず、大学には個人や企業などの寄付が多く、その名が学校名や教授職名に刻まれる。たとえばインディアナ大学ジェイコブズ音楽学校（州立）、ジョンズ・ホプキンズ大学ピーボディ音楽院（私立）、ニューヨーク大学スタインハルト音楽学校（私立）、マイアミ大学フロスト音楽学校（私立）、ノース・

ウェスタン大学ビーネン音楽学校（私立）、南カリフォルニア大学ソーントン音楽学校（私立）などはその一例である。またロチェスター大学イーストマン音楽学校には、コダックの創業者名が冠されている。

また個人篤志家《とくしか》の名前を冠した奨学金や奨学金基金も多く存在する。優秀な学生に対する奨学金だけでなく、すぐれたアーティストを教授として招聘《しょうへい》するための基金もある。たとえばインディアナ大学ジェイコブズ音楽学校のピアノ科教授職のひとつに、寄付者名が冠されている（"Jack I. & Dora B. Hamlin Endowed Chair in Piano"）。かつて大学の奨学金で音楽とビジネスを学んだアムラン氏と、音楽が趣味の奥様が始めた基金だそうだ。現在ピアニストのアンドレ・ワッツがこの教授職に就いている。

教授名を冠した奨学金や賞もある。ハーバード大学で長く教鞭を執っていたピアニストのロバート・レヴィン元教授の名を冠して、演奏面ですぐれた成績を残した卒業生にロバート・レヴィン賞（Robert Levin Prize in Musical Performance）が贈られる。レヴィン氏はモーツァルトのレクイエムやバッハの未完作品の補筆をおこなうほか、モーツァルトのピアノ協奏曲におけるカデンツァの即興などをつうじて、演奏・研究の両面で多くの功績を残した。同賞は二〇一四年のレヴィン氏の教授退官にさいして有志数名が始めた基金をもとにし、今後もファンドレイジング活動を続けながら賞を存続・発展させていきたいとしている。

また南カリフォルニア大学ソーントン音楽学校では、元ヴァイオリン科教授アリス・シェーンフェルド女史による約七億円の奨学金がヴァイオリン科学生に与えられ、さらに三億円の寄付によりコンサート・ホールのリニューアルが実現して、妹でチェロ奏者の故エレノア女史とともに名前が刻まれたそうだ。こうした奨学金や寄付を募るために、多くの大学では専門の担当者をおき、積極的かつ戦略的なファンドレイジング活動をしているのも事実である。

最近では、ファンドレイジングを体系的に学ぶ授業も展開されている。デトロイト交響楽団副会長のポール・ホグル氏は二〇一五年春より、ルーズヴェルト大学のパフォーミング・アーツ・アドミニストレーション学科修士課程で教鞭をとっている。ファンドレイジングの道を歩んで三〇年という豊富な経験をもとに、米国におけるフィランソロピー（慈善・社会貢献）の歴史を追いながら、「何が人を寄付行為へと導くのか」「ファンドレイジングを成功させるにはどのような戦略やテクニックが必要なのか」など、理論学習とワークショップもまじえながら教える（オンライン）。履修生はダンス、演劇、オーケストラなど、さまざまな芸術分野の専攻生だ。

オーケストラなどのＮＰＯは理事主導型といわれ、ＮＰＯの理事や役員になることが社会的に名誉とされるため、あらゆる分野のリーダー的人材が集まる。

理事や役員には、企業の重役、ソーシャル・リーダー（慈善事業家）、教育機関や地域で活躍する市民リーダー、起業家、医者、会計士、弁護士、音楽家、ラジオ局など、あらゆる分野の方に協力していただいています。音楽好きな方、造詣《ぞうけい》の深い方が多いですが、必ずしも全員がそうであるわけではありません。ですが、なにかしら彼ら自身の活動やビジネスにつながっていたり、良い街には素晴らしいオーケストラがあるという考えのもとで寄付の必要性を承知してくださったり、社会における音楽の重要性や、音楽が人間教育に与える好影響を理解してくださっていると思います。

デトロイト交響楽団副会長のポール・ホグル氏。着実にファンドレイジングの実績を挙げている。

業界を超えたパートナーシップのためには、ＮＰＯとしてのあり方や意義に共感してもらうことが大事、と氏は考える。ファンドレイジングは長期的視点で考え、少しずつかかわり合いを深めていくもの。「チェルニーやカバレフスキーから入って、ベートーヴェンのソナタを弾くまでにどのようなプロセスを踏むのか、どれくらいの時間をかけるのか、というのに似ていますね」。

○ 企業が着目する音楽・芸術の創造性――社会貢献事業としての芸術支援

音楽は社会にどのような働きかけができるのか。地域コミュニティーだけでなく、企業との関係も見てみよう。

アメリカの企業は新入社員を採用するさい、学歴だけでなく、芸術活動にかかわってきた実績や姿勢も見る。企業によって芸術に対する判断基準は異なるが、少なからず指標のひとつとなっているようである。企業としては、音楽や芸術などの非営利団体への協賛や寄付が社会貢献として評価されるということだけでなく、最近では彼らをビジネス上のパートナーととらえたり、あるいは彼らとの関係を社員啓発教育に生かそうと考えている例もある。

企業による教育活動支援の背景には、企業の社会貢献活動への期待がある。CSR（Corporate Social

Responsibility）は自らの利益を社会に還元することであるが、近年はＣＳＶ（Creating Shared Value）、つまり事業そのものが社会問題解決につながり、そこに顧客との共有価値を生み出そうという意識が広まっている。これは経営学者のマイケル・ポーター氏が提唱している概念である。

日ごろから協賛企業の社長や重役と対話する機会が多いという指揮者の原田慶太楼氏（084頁を参照）はこのように述べる。

コンサート・ホールには支援者専用ルームが設けられた。市内でパイプ・オルガンを教えているアルフレードさん（左端）はオケのメンバーと理事に友人がいることがきっかけで、数年前から支援を始めたという。この日は大学で声楽を学んでいる2人の学生を招待した。

青少年のためのコンサートにはよくスポンサーがつきます。企業は青少年教育の支援をしたほうがよいという暗黙の了解があり、企業としても良い評価につながります。アメリカは寄付をするほど税金が控除されるシステムですし、企業がＮＰＯなどにお金を出すのはアメリカでは当然のことと考えられています。私も指揮以外の時間はさまざまな企業の社長と面会して、財政支援をお願いしています。クラシック音楽に若い時分から触れてもらうと、将来もコンサートに来て支援してくれる、そんな人を増やしたいのです。ですから教育コンサートは未来の聴衆を創るためにおこなっています。

また大学入学時だけでなく、企業就職のさいにも音楽を含む芸術活動は好評価になるそうだ。「たとえば毎学期にオーケストラのクラスが入っていると、「勉強以外に、芸術面も充実している」と評価が高まります。アメリカの企業はそのような点も見るのです」と原田氏は語る。

○　創造力豊かな社員を育むために&ビジネス・パートナーとして

さらに最近では、音楽や芸術団体とパートナーシップを組む企業が増えている。二〇一二年よりそれを積極的に推進するキャンペーンが始まった。アメリカン・フォー・ジ・アーツ協会（American for the Arts）が主導する「パートナーシップ・ムーヴメント」である。同機関のホームページでは各地の芸術団体とその活動内容が紹介され、企業がその支援先・提携先を探すことができる。

プライベート・セクター担当のエミリー・ペックさんは、パートナーシップの将来性をこのように見ている。

企業では最近、トップの経営者層だけでなく社員全体が「自社のアート活動支援に満足しているか」という点に配慮しています。社員自身によるボランティア活動促進や、アート・プログラムを社内に取り込んだり、アートを使ってクリエイティヴな思考力を鍛えるなど、社員を巻き込むかたちが増えています。そのような取り組みが未来の労働力を創っていくのです。

その他にはどんな意義や利点があるのだろうか？　パートナーシップ・ムーヴメントでは、以下八つのポイントを挙げている。

・地域を活性化してより良い人材を雇用するため
・市場を広げて、ブランド価値を高め、新しい顧客層を開拓するため
・アートをつうじて顧客との関係を築きながら企業のメッセージを届けるため

・社員の創造力を養うため
・社員のスキル向上と新しい能力開発
・アートをつうじて多様な人種・文化が溶け合った環境を創るため
・社員に「ありがとう」を伝えるため
・地域の芸術団体とのパートナーシップをつうじて、街全体とパートナーになるため

なぜこのような考え方が生まれたのか、ペックさんは次のように分析する。

ロックフェラーやモルガン・チェースなど、企業が芸術分野に投資することはいまに始まったことではありません。ですが最近は芸術支援の伝統的モデルが変わってきています。一方的な施《ほどこ》しではなく、お互いに歩み寄ってきています。企業は協賛や寄付だけでなく、ビジネス面からも、目的に見合ったパートナーシップを探しています。それは自分たちの目的を達成すると同時に、芸術団体の地域コミュニティー活動を支援するものです。とくにリーマン・ショック後、この数年でそのような傾向がめだってきました。予算や経費が

削減されれば、より創造的な手段で課題に向き合わざるを得ませんから。

彼らが成立させたパートナーシップの一例として、施設老朽化が進むグローブ座劇場（カリフォルニア州サンディエゴ）に、地元のH＆Mエレクトロニクス社が四〇〇万円相当の最新式ヘッドセットを供与した。これは劇場にとって有益であるだけでなく、普段はファストフード店（ドライブスルー用）などに納品しているH＆M社にとっても、舞台芸術という本格的な使用状況下での市場調査が可能になった。劇場側は観客やスタッフの意見を同社にフィードバックしているという。また、オレゴン州ポートランドのあるホテルでは、スイートルーム四部屋のインテリアをアレンジし、地元の音楽・芸術団体の活動を紹介している。たとえば、「オレゴン交響楽団スイートルーム」には、地元アーティストが装飾を手がけた作品（銀杏《いちょう》の葉と枝で装飾したチェロ）を中央に配置して音楽を表現。ホテルの売上は同楽団の音楽教育プログラムに寄付されているそうだ。

同事務局では、芸術団体が企業とつながるためのさまざまなリソースを提供している。「芸術とのパートナーシップを各業界に広げていくことが私たちの仕事です」とエミリーさんは言う。『フォーブス』などの経済誌にも記事が紹介され、ビジネス界でもこの動きは広まりつつある。

エミリー・ペックさん（右）と、アート・コーディネーター・ビジネス専門委担当パトリック・オヘロンさん（左）。ペックさんは以前、メトロポリタン美術館教育部門に勤務していた。

昨今、企業はアート支援を「コミュニティーを豊かにするもの」であると同時に、「社員自身を豊かにするもの」と考えている例も多い。たとえば航空機産業のボーイング社は、「アートを支援することは創造力豊かな社員を育てることであり、複雑な仕事に対処するための想像力や内省する力を養う」としている（*Arts Link* 二〇一二年冬号）。同社には社員コミュニティー・ファンドもあり、セントルイス支社では地元セントルイス交響楽団の幼児・児童教育プログラム（"Picture the Music" "Express the Music"）を支援している。

ダニエル・ピンクの『ハイ・コンセプト――「新しいこと」を考え出す人の時代』（大前研一訳）では、答えのない時代において、右脳と左脳をバランス良く使った全体的な思考力や共感力が求められるようになり、企業でもアートの力が活用され始めている、と述べている。アートが右脳の活性化に効果があることは知られているが、それが社員啓発で生かされる時代になったのである。またアメリカの企業ではイノベーション文化を維持するためには想像力と独立した思考が必要で、専門に特化した教育よりも、教養課程で学んだ学生を好む傾向があるとされる（マーサ・C・ヌスバウム著、小沢自然・小野正嗣訳『経済成長がすべてか？——デモクラシーが人文学を必要とする理由』）。

実社会で発揮されるリーダーシップ——音楽と街づくり

オーガスタ交響楽団で音楽監督を務めるシズオ・Z・クワハラ氏は、街の音楽文化を成熟させるべく、ハード・ソフト両面から活動に取り組んでいる。

ジョージア州オーガスタ市は人口二〇万人（オーガスタ＝リッチモンド郡総計で六〇万人）。黒人の比率が多く、オーケストラ・メンバーも三分の一は黒人だそうだ。現在その街で、古い映画館を全面改装してコンサート・ホールとして蘇らせ、演奏・娯楽・教育の中心地にするという構想が進められている。リーダーシップをとるのは、唯一のアジア人であるクワハラ氏だ。

オーガスタにはきちんとしたエンタテインメントの場がないので、すべてを集約した拠点を作り、街の中心から発信したいと考えています。ホール前にはカフェ、建物内にはコンサート・ホール、リハーサル室、教育の場も作ります。現在オーケストラは地域の小学校とかかわっていますが、大学や高校も含め、いろいろなレヴェルで教育現場と連携したいと思っています。また学生たちがオケのメンバーから学ぶだけでなく、世界中の演奏家から学べる機会を創り、オーケストラ自体のレヴェル・アップにもつながるようにしたいですね。さらにこの音楽施設が市民にどのような影響があるのか、場所としても政策としても考えていかなくてはなりません。オーガスタの街はとてもゆったりして居心地はよいのですが、このままでいいのだろうかという危機意識ももっています。市民一人ひとりのモチベーションをどう上げて、意識を変えていくような環境を創れるのか、街全体の構想が必要ですね。

いっぽう、ソフト面では長期的な聴衆育成に取り組んでいる。そのひとつがプログラミングだ。毎年テーマに沿って曲を決め、それを手紙に書いてパンフレットで紹介しているそうだ。

人間が生きて死に、また復活するように、一〇～一二年単位でひとつの人生を描くようなプログラムにしています。二、三年後に映画館がオープンするところで「復活」！　時計が一周めぐるように、はじめの地点に戻ったときに最初と違う自分をみいだしてほしい、という願いをこめています。オーケストラも、街も、聴衆一人ひとりも。

音楽と他分野の連携も欠かせない。たとえばホール近隣には病院が立ち並び、地元のジョージア・リージェンツ大学（オーガスタ州立大学とジョージア健康科学大学が合併）も医療関連の学部が多い。その環境を生かして、オケのメンバーを医療現場に派遣したり、音楽と医学の専門家を組み合わせたり、音楽療法のコーディネートもクワハラ氏が率先して進めている。なおコンサート・ホール新設計画は、設計から資金調達まですべてオーナーである同楽団が進めているそうだが、地元の医療関係者をはじめとした個人寄付者が多く、ファンドレイジングは順調だそうだ。

そんなクワハラ氏は、多くを「実践の場で学んだ」という。幼少のころからサックスを弾き、ロチェスター大学イーストマン音楽院進学後に一念発起して、指揮者になろうと決意。「はじめはあまりにもわからないことが多すぎて、自分を追い込んで必死に勉強しました」。しかし学部課程では指揮を専攻できないため、自ら学生を集めて学内オーケストラを結成し、年二回コンサートを開催。さらに学生が協奏曲を弾くときなど、小編成の楽団で年一〇〇回ほど振っていたという。卒業後は全額支給奨学生としてイェール大学大学院に進学し、元ピアニストで数学者でもあるレイトン・ローレンス・スミス教授のもとで指揮を学ぶ(〜二〇〇一年)。指導は素晴らしかったが、実際に指揮を振る機会がわずかであったことから、学長に掛け合って増やしてもらったそうだ。こうした経験から「なにごとも自分から動く、機会がないときは自ら環境を創っていく」という習慣が身についたという。

その後、ショルティ国際指揮コンクール優勝(二〇〇八年)、アメリカン大学教授、ヴァージニア交響楽団副指揮を経て現職にいたるが、実際にプロとして仕事をする過程で、学生時代には想像していなかったことに多く遭遇した。たとえばステージで楽曲について説明したり、ポップスのコンサートでは前日または当日にいきなり楽譜を渡され、「これを弾いて」と言われて急遽《きゅうきょ》対応しなければならなかったり、という経験も。「いま学生時代を振り返って思うのは、学生とプロの連携を多くして実際の場を経験してほしいということ。プロの音楽家を見ながら、実践の場で何が必要なのか、学んだものをどう生かしたらよいのか、考えるきっかけがあれば

オーガスタ市全体の音楽文化向上のため、リーダーシップをとるシズオ・Z.クワハラ氏。

いいですね」。

リーダーシップ、あるいはアントレプレナーシップ（起業家精神）という言葉がしっくりくるクワハラ氏だが、その根底にはこんな思いがある。

自分ひとりがアジア人ということを強みに感じています。オーケストラは白人だけのものではないとイメージも変わり、若い団員も増えてきました。そして聴衆のみなさんとは、一年一年、一緒に旅をするつもりでプログラムを考えています。自分に与えられた仕事をとおして、宿命をはたしていかなければならないと思っています。音楽をさせてもらえていることが幸運ですから。

社会から大学へ

——現場をより良くするためにふたたび研究を

NASMによる修士号・博士号の規定は？ ——大学院充実化は戦後から

社会で求められる音楽のあり方とは？——その問いかけは、実社会に出ると現実味をもって迫ってくる。

実際にインターンなどを経験した学生からは、「社会に出てみてはじめて音楽業界のあり方を知りました」「自分が考えていた以上にさまざまな仕事があることに気づきました」という意見を聞くことが多い。それはごく自然なことであり、社会に出た後でもういちど学びを深めたい、現場をより良くするためにあらためて研究したいという学生も多い。アメリカでは、いちど社会に出てから大学院に戻り、さらに研究を重ねてまた社会に還元する、そんなダイナミックな大学と社会の関係性がある。それを、修士・博士課程の研究内容から読み解いてみたい。

まず歴史的経緯から見てみよう。第二次世界大戦後、大学など高等教育機関での音楽教育の質が見直され、修士号・博士号の必要性が高まった。つまり大学・大学院レヴェルで教えられる教授の育成が急務となったのだ。そこで一九五二年、全米音楽学校協会（NASM）は三二の大学で修士課程の設置を認可した。翌一九五三年には全米初となる演奏主体の博士号 D.M.A. が三大学で創設された。それまでも修士号・博士号取得者は存在していたが、全米を挙げて大学院の充実をはかったのは戦後と考えられる。

現在NASMでは、修士号の取得要件として三〇セメスター、または四五クォーター以上を義務づけている（セメスターは二学期制の一学期ぶん、クォーターは四学期制の一学期ぶん）。修士号には Master of Music、Master of Arts、Master of Science があり、たとえば「Master of Music in Performance」のように専攻分野の名称を続けて表記する。修士課程には演奏主体、研究主体の修士号があり、演奏分野では伴奏と室内楽とコラボラティヴ・キーボード（伴奏やヴォーカル・コーチなどもおこなうコレペティトールにあたる）、作曲、指揮、教育（おもに演奏）、ジャズ、器楽演奏、オペラ実技、宗教音楽、そして研究分野には音楽史、音楽学、民族音楽学、音楽理論がある。また演奏と研究を組み合わせたり（音楽理論と作曲）、音楽教育、音楽療法などの修士号がある。

そして三年以上の修士課程あるいは同等の学修を経て、博士課程へ進学することができる（博士課程出願時に修士号取得の完了は必須条件とはされていないが、学校によって異なる場合がある）。演奏主体の博士号はDoctor of Musical Arts（D.M.A.）またはDoctor of Music、研究主体の博士号はPhD（Doctor of Philosophy）と表記される。対象となる専攻分野は、作曲、指揮、ジャズ、音楽教育、音楽学、民族音楽学、教育、演奏実技（器楽、声楽、伴奏と室内楽とコラボラティヴ・キーボード、古楽器）、宗教音楽、音楽理論などである。

実技専攻 ―― 演奏・作曲・指揮

D.M.A.（Doctor of Musical Arts）は演奏・作曲・指揮を専攻する、演奏実技を主体とした博士号である。演奏主体でも論文が課せられる、いわば実践と理論が一体化した学位だ。一九五三年全米音楽学校協会による学位基準の規定にしたがい、イーストマン音楽学校（ニューヨーク州政府により正式認可）、ボストン大学、南カリフォルニア大学にてD.M.A. 博士号が授与された。D.M.A. が増えているという現在、どのような研究がおこなわれているのだろうか。

○ ピアノ演奏研究でD.M.A. 博士号取得

第2章に登場したピアニストの金田真理子さん（オハイオ・ウェズレヤン大学准教授）は、パリ国立高等音楽院（コンセルヴァトワール）卒業後にアメリカへ渡り、マネス音楽院で修士号を、ニューヨーク市立大学大学院でD.M.A. 博士号を取得した。博士号の取得要件は大学によって異なるが、金田さんは自分なりの判断基準があった。

ニューヨーク市立大学院は演奏と研究のバランスがちょうど良かったこと、修士号を取得したマネス音楽院での教授の推薦もあって選びました。
最初の二年間は必要な単位の授業を取り、論文を始める前に通らなければならない総合試験の準備をしました。音楽理論、歴史、楽曲分析などが課題です。あとは語学(ドイツ語、フランス語、イタリア語から選択)のテストもありました。研究テーマは師事していたピアノの先生と相談した結果、やはりフランス音楽にかんするテーマがいいということで、クイーンズ・カレッジのアービー・オレンシュティン先生〔『ラヴェル――生涯と作品』などの著者〕に指導を受け、シャブリエのピアノ音楽をテーマに論文を書くことに決めました(“Selected Piano Works of Emmanuel Chabrier —— A Stylistic Analysis”)。また演奏試験としてはリサイタル三回が課せられ、それぞれカーネギー・ヴァイル・リサイタル・ホール、マーキン・ホール、そしてクイーンズ・カレッジのホールで演奏しました。

金田真理子さん。フランスとアメリカ、2カ国の高等教育機関で学び研究をした。

リサイタルのプログラムは必ずしも論文テーマと合わせる必要はなかったそうだが、これは大学によってさまざまである。

金田さんはアメリカの大学院を、研究機関としてどう感じたのだろうか。

アメリカはやはり図書館がしっかりしていました。自筆譜もたくさん所蔵されているようですね。さいわいニューヨークにいたので、リンカーン・センターの図書館を使いましたが、文献のほとんどが簡単にみつかりました。またエドワール・マネが描いたシャブリエの肖像がハーバード大学にあると知り、論文に付録として付け加えたいと考えたのですが、その複製も簡単に手に入れることができました。

充実した研究資料、そのアクセスのしやすさは、研究の質と量を高める要因にもなる。これについては第5章で述べる。

○ どのようなカリキュラム構成か？

博士号のカリキュラム例をいくつか挙げてみよう。

イェール大学音楽学校（Yale School of Music、大学院に相当）のD.M.A.は、演奏実技・指揮・作曲を対象とし、前期二年（レジデンシー）＋後期三年で構成される。前期二年ではすべての卒業単位を満たしたうえで、リサイタル（作曲科の場合は作品発表）を毎年開催するほか、論文執筆とその論文にもとづいた講義をおこない、最終学期には筆記・口頭試験双方に合格することが課せられる。後期三年は各自の専門分野においてプロフェッショナルとして活動を始め、コンサート・プログラム、作品、評論、録音、出版物などによってその成果を示す。二〇一三年より後期が五年から三年に短縮されたが、より早く学びの成果を実社会で役立ててほしいとの考えからだろう。

イリノイ州立大学音楽学校（School of Music, University of Illinois at Urbana-Champaign）ではD.M.A.の博士課程生が増えているという。専攻分野は合唱、作曲、ジャズ演奏、オーケストラ指揮、器楽演奏と音楽史、声楽指導と伴奏である。

演奏実技専攻生のカリキュラムを見てみよう。博士論文を執筆するために必要なスキル（文献・オンライン・データベース探索、批評的読解と論文作成技術、学術研究戦略など）四単位、音楽史（上級）八単位、音楽理論（上級）六単位、副専攻八～一六単位、博士課程音楽科目一二～一六単位、選択科目六～一〇単位、アンサンブル〇～二四単位、博士課程研究一六単位などで、合計六四単位である。そしてソロ・リサイタル二回か、あるいはソロ・リサイタル一回に加えて、コンチェルト演奏／主要オペラまたはオラトリオの役／室内楽演奏／レクチャー・リサイタル／器楽あるいは声楽アンサンブルの指揮より二つを選択し、それらをとおしてレパートリー研究の成果を示す。

過去の論文例には、"The Effects of a Performance-Oriented Music Appreciation Class on Beginning Adult Piano Study（演奏実技を主とした音楽鑑賞授業が大人のピアノ学習開始へもたらす効果）" (Mei-Huei Wei, D.M.A.)、"Isso-ryu Nohkan (Noh flute): Tradition and Continuity in the Music of Noh Drama（一噌《いっそう》流の能管——能楽の伝統と継承性）" (Mariko Anno, D.M.A.) などがある。

理論と実技が一体化した学位ということで、昨今D.M.A. 博士号をめざす人が多いそうだ。なおイェール大学の後期課程は専門家としての活動を報告することが前提になるなど、キャリア形成と直結しており、現場ありきの姿勢がうかがえる。

音楽教育専攻

○ 音楽教育研究の充実――いかに現場に根ざしているか

アメリカの大学院でおこなわれる研究内容は、実践の場でどう生かされていくのかが意識されている。とくに音楽教育は人の成長にかかわるもので、現場に即した実践的な研究と発表の場が多くある。二〇一二年三月に開催された全米音楽指導者協会（MTNA）年次大会では、音楽指導者や研究者による研究発表がポスター・セッションというかたちで設けられた。発表内容は、「レッスン時のiPad活用について」「オケ中ピアニストの研究」「アンサンブル体験が学習におよぼす好影響」「生徒の性格に合わせたレッスン計画と健全な師弟関係構築」などである。その中のひとつ、オハイオ州立大学博士課程（当時）のマーガレット・ヤンさんは、「グループ・ピアノ・レッスンの正当評価について」について発表した。ピアノ演奏技術の指導をグループ・レッスンに入れるべきであるという研究は過去に多くなされたが、どのように指導されるべきかについての研究がほとんどないことに触れ、効果的な指導

マーガレット・ヤンさん（MTNA ポスター・セッションにて）。MTNA ナショナル・コンフェレンスでのポスター・セッションの様子。見学者からたくさんの質問が寄せられる。

方法とその効果について研究したものである。

研究内容の概要をご紹介しよう。彼女は同大学音楽学科の学生二二名を二つのグループに分けた。コントロール組（一〇名）はあらかじめ用意された指導内容にしたがうだけだが、実験組（一二名）にはより充実した指導プログラム、オブザーヴァーの立ち会い、実際のピアノ指導者によるレッスン・ビデオ鑑賞、他のメンバーへのピアノ指導、伴奏などが加わる。実験は六週間にわたっておこなわれ、実験前後に五つのスキル（移調、和声、伴奏、読譜、歌いながらの演奏）のテストを実施した。すると六週間後、実験組のほうがあらゆる点においてポジティヴな反応を見せた。

たとえばこのグループ・レッスンの効果について

両グループに尋ねたところ、コントロール組は「ピアノから多くの響きがいちどに得られること」と答えるにとどまった。いっぽう実験組は「音楽指導者にとってピアノは重要であること、セオリーの理解が進むこと、専攻楽器の練習にも役立つこと」と答えたそうである。

大学での調査研究が現場の指導者が集まる場で発表されることによって、音楽教育のあり方が客観的に見直され、より効果的に現場に即したかたちで取り入れられていくと期待されている。

○ より創造的な教育プログラム開発をめざして（ニューヨーク・フィル&コロンビア大学）

コンサートが研究対象となる場合もある。ジュリアード音楽院教員でコロンビア大学院教育博士課程のジヘ・ホン＝パク（Jihea Hong-Park）さんは、ニューヨーク・フィルハーモニックの「スクール・パートナーシップ・プロジェクト」一員として小学校コンサートを実施している。そしてその現場から生まれた発見や問題意識を博士論文にまとめる過程で、研究リポートを発表した（"A Personal Relationship to the Art of Music: A Research Project in Progress from the New York Philharmonic's School Partnership Program"）。子どもが音楽とどのようにパーソナルな関係を築いていくのか。この小学校コ

ジヘ・ホン＝パクさん。ジヘさんはニューヨーク・フィルのティーチング・アーティスト。ジュリアード音楽院の夜間コースで教えるかたわら、アーデリア・トリオとしても活動中。

ンサートは、まさに現在進行形の研究なのである。

まずはニューヨーク・フィルの奏者とジュリアード音楽院教授による小学校コンサートの様子を見てみよう（二〇一二年三月末）。

ニューヨーク・フィルハーモニック（以下、ニューヨーク・フィル）では「スクール・パートナーシップ・プログラム」を一九九四年に立ち上げ、ティーチング・アーティストと呼ばれるメンバーが定期的に小学校を訪問し、おもに三、四、五年生を対象に演奏会を開いている。この日のメンバーは、トランペット、トロンボーン、クラリネット、オーボエを担当するニューヨーク・フィル団員とピアノ担当のジュリアード音楽院教授の計五名。テーマは米国の作曲家アーロン・コープランドである。まずは楽器紹介を兼ねてソロ演奏から始まった。ピアノは《猫とネズミ》というコミカルな曲でご挨拶。

全体進行はクラリネット奏者のリチャード・マノイアさんで、子どもたちのリアクションをたくみに誘いながら、速めのテンポで進行していく。短いリズムやメロディーの塊に慣れさせてから曲を通して弾くので、子供たちも飽きずに楽しめる。たとえば「コープランドは音程の使い方に特徴があるんですよ。では音程とはなんでしょう？　トランペットとトロンボーンで4度と5度の音程を作っていくので、音が高くなったらそのぶんだけ腕を上げてくださいね」といったように、身体を使って音に慣れさせていく。三分間ほどアクティヴィティーをおこなったあとで、《市民のためのファンファーレ》の冒頭を演奏した。

《ビリー・ザ・キッド》では、引用されているカウボーイの歌〈Goodbye Old Paint〉を全員で合唱したり、曲の断片を二、三種類聴かせて、どのリズム・テンポ・表情のパターンが好きか手を挙げさせる。また《グローヴァーズ・コーナー》（映画『我等の街』より）では、クラリネットで奏される単旋律に他楽器がさまざまにハーモニーを加えていき、「どの響きが好き？　いいなと思ったら片手を軽く挙げてくださいね」と問いかける。ハーモニーの変化によって響きが変わること、コープランドが創造した響きの新しさを理解してもらうために、〈ささやかな贈り物〉（バレエ《アパラチアの春》より）も披露した。

最後の《キューバ舞曲》では、音楽における「間《ま》」や「対話」といった掛け合いの面白さをどう子供たちにわかってもらうか。そこで児童全体を二グループに分け、フレーズに合わせた動きをそれぞれおぼえてもらい、音楽と一緒に身体を動かしてもらった。ヘンな動きに子どもたちは大はしゃぎ！　にぎやかな雰囲気でコンサートを終えた。

約四五分間のコンサートはテンポよく進行し、三分に一回は子どもたちに答えさせたり、音楽に合わせて手や腕を動かしたり、前に出て一緒に身体を動かしてもらったりと、途切れなくアクティヴィティーが続いた。このインタラクティヴ・コンサートは身近な素材を使って興味をもたせ、少しずつ音楽と一体化させていくプロセスなのだ。

メンバーとともにプログラム構成にかかわるピアニストのジヘさんは、「まず私たちが音楽家として魅力を感じる曲、子どもにアピールする曲や皆が好きそうなレパートリー、子どもたちに興味をもってもらえるアクティヴィティーを考えます」と語る。

このパートナーシップ・プログラムは一校あたり三年間継続しておこなわれるが、このコンサートは二〇一〇年に調査委員会が立ち上げられてから三年目にあたる。同じ生徒と継続してかかわるなかで、どれだけ子どもたちに音楽体験が浸透したかを、定期的なアンケートと個別インタヴューによって数量的・質的に調査する。評価指標となるのは、「スクール・パートナーシップ・プログラムによって得た音楽体験を、どれだけ他の教科や課外活動に転用できたか」で、これを彼らは「(musical) carryover」と呼んでいる。転用例として、「自分で作曲する」「リコーダーを学校外で演奏する」「音楽についてネットで調べる」などいくつかの項目があり、四段階で評価する。音楽をとおしてなんらかの自主的な行動に結びついた生徒は、「音楽と個人的な関係を築いた」ことになる。この研究は現在進行形であり、最終的には博士論文としてまとめる予定だそうだ。

ところでニューヨーク・フィルの教育プログラムは一〇〇年以上の歴史をもつ。現教育プログラム部長のテオドール・ウィプラド氏はこう語る。

レナード・バーンスタインの時代［音楽監督在任一九五七～一九六九］から、「何かを教える」のではなく、みなさんが「何かを発見できるように手助けをする」ことを心がけており、スクール・パートナーシップ・プログラムではその傾向がより強まったと思います。大事なのは、子どもたちの学ぶ意欲を高めること。たとえば学校でベートーヴェンについて学び、ベートーヴェンを弾けるようになるだけでは、個人個人の実体験と結びつきません。子どもと音楽を結びつけることがたいせつです。あと数年もすれば、いまはまだ存在していないテクノロジー・ツールが現れるかもしれません。子どもたち全員が同時にかかわれるようなインターフェースとか。ニューヨーク・フィルはつねに最先端テクノロジーを取り入れ、

iTunesもはじめて使いました。教育現場の変化にもいち早く対応したいと思います。

ニューヨーク・フィル教育プログラム部長のウィプラド氏

ウィプラド氏はハーバード大学で生物化学を専攻、同時に作曲と音楽理論も学び、人文学の授業も多く履修したという人物である。専門をもちながら学際的に学んだ、氏ならではの視野の広さが現場にも生かされている。

スクール・パートナーシップ・プログラムは一九九四年に始まり、現在ニューヨーク市内の一四校三〇〇〇人が参加している。目的は「児童一人ひとりに濃密な音楽体験をしてもらうこと」。ティーチング・アーティスト選考オーディションは、⑴楽器演奏、⑵シニアによる指導ワークショップ、⑶⑵で教わったことの実践による。合格すると一年間の見習い期間を経て、約半数が正式採用にいたる。毎回三〇〜四〇名の応募者に対して採用者一、二名という狭き門である（現在約二〇名）。

音楽学

○ 音楽学・音楽社会学（ヴァン・クライバーン国際ピアノ・コンクール研究）

いままさに起きている音楽活動をどう文化・社会学的にとらえるか。たとえば、国際ピアノ・コンクールをおもな研究対象とした博士論文がある。「国際音楽コンクールの文化社会学的分析（Playing to Win: A Cultural Sociology of the International Music Competition）」（Lisa Lorraine Helen McCormick, Ph.D. Yale University）である。まず演奏者という役割の歴史的変遷や国際コンクールが象徴するものを明らかにしたうえで、ヴァン・クライバーン国際ピアノ・コンクールに焦点を当てて、コンクールが時代によってどう変質してきたか（たとえば「かつてはスポーツのようにとらえられていた」など）、コンクールに出場する、優勝することは何を象徴しているのか、どのような社会的意味があるのかを検証する。方法としては、コンクール要項や広報物、メディア掲載記事、聴衆のブログなどをとおして、各時代に語られていたさまざまな「文脈」を浮き彫りにするとともに、二〇〇五年度大会を中心として四五名の関係者インタヴュー（出場者、審査員、大会運営者、聴衆など）をおこなう。さらにコンクールという特殊な音楽環境での演奏とはどのような象徴的意味をもつのか、また聴衆の聴き方はコンクールをとおして変わるのか、コンクールの聴衆はリサイタルの聴衆と違うのか、などがひとつずつ検証された。また審査員による順位と自分の評価のあいだに価値観の相違が生じやすいことや、審査過程が非公開であることなどから、批評的・批判的な聴衆を生んだだけでなく、ピアニストたちの背後にある対立的な文化理念について意見交換する場を提供した、と論じている。

この論文の著者は、「これまでコンクールを社会学的に研究した論文はなかった」という。コンクールで弾く曲目や奏法ではなく、コンクールの存在自体が学術研究対象になったということは、それだけ歴史が積み重ねられ、ひとつの社会的しくみが築かれてきたということでもある。コンクールは社会を、聴衆を、音楽を、どう変えたのか？　音楽のあり方に何をもたらしたのか？——著者は「コンクールの聴衆は受け身ではない。彼らが聴いた音楽やコンクールの意味などについて活発に議論する」としている。

こうした研究が現場でどう活用されていくのか、それはこれからの取り組みとなるだろう。研究は過去と現在を検証し、未来を考える一歩になるのである。

第 4 章

音楽はいつから〈知〉の対象になったのか

――――音楽の教養教育の歴史

われわれが今日クラシック音楽と呼んでいる西欧諸国で生まれた音楽は、過去どのように学ばれていたのだろうか。

音楽は人類が誕生したときから存在し、そしてエジプトやメソポタミアなどの古代文明においても盛んだったが、基礎教養としての音楽教育の源流は古代ギリシア、ローマにもとめられる。音楽は古代社会においてどのように学ばれていたのだろうか？　それをひもとく鍵が、「リベラル・アーツ」という考え方である。

リベラル・アーツとはラテン語で「アルテス・リベラーレス（artes liberales）」といい、自由人のための諸技芸──「自由技芸」と訳されることが多い。自由人とは非奴隷《どれい》の自由市民をさし、肉体労働から解放され、知性を磨いて精神を高めることが重んじられた。哲学をすべての上位におき、思念、観念（テオリア）によって精神を鍛練するという考え方である。国家指導者層、貴族などの上層階級やその子弟はこの層に含まれる。その自由人が学んだリベラル・アーツは、各時代の支配者層が考える「人間のあるべき理想的な姿」をよく投影している。

これに対してアルテス・メカニカエ（artes mechanicae）は、手工芸、農業、料理、絵画、楽器演奏などの身体を使う実践的技芸をさす。奴隷の仕事であることも多かった。

アルテス・リベラーレスのアルテス・メカニカエに対する優位、つまり肉体に対する精神の優位という考え方は、古代から中世まで支配的であった。そして古代ローマ時代には初等・中等教育において「自由七課」として定着し、中世ヨーロッパでは学芸学科として大学生の基礎教育になっていく。現在と似通っている部分や異なる部分はあるが、古代ギリシアは音楽からさまざまな特質をみいだし、社会生活や教育に生かしていたようである。

リベラル・アーツの未分化期
――音楽はさまざまな役割をもっていた！

音楽の社会的側面――コミュニケーション・ツールとして

古代ギリシアでは儀式、祭事、演劇などで音楽が奏でられるほか、市民は普段からリラなどの楽器を嗜《たしな》み、儀式や宴席などで音楽を奏でて楽しんだ。酒宴では、第一部は食事を楽しみ、第二部は酒を飲みながら座談や会話が交わされる。そのさい、神々に捧げる儀式がおこなわれ、笛の演奏が伴ったという。そしてリラが手から手へと渡され、サッポー（サッフォー）やシモニデスなどの詩を歌い、座談を楽しんだ。哲学者プラトンが創設した学園アカデメイアでは、師弟とともに飲食をしながら真面目な談義をする饗宴《きょうえん》（シュンポシオン）がよく開催されていた。たんなる酒宴ではなく教育的効果をもたせるため、正しく進行できるような順序を定めて、会話、飲食、音楽などを楽しんでいたのではないか、とする説もある（廣川洋一『プラトンの学園アカデメイア』、一三〇頁）。

このように、アテナイの成人男性市民は饗宴の席で歌い、楽器を演奏できることが嗜みとされていた。リラを弾けることはリベラル・アーツ教育を受けた証でもあったのだ。そのため少年時代から音楽教育も受けたのである。学校で読み書きを教わり、その後楽器を携えて音楽の学校へ行き、楽器の奏法を習った。楽器をあてていど弾けるようになると偉大な詩人の作品を教わった。読み書きは誰もが習ったが、貧困者は音楽学校に入れなかったため、「リラが弾けない」というのは教養なき人を表す言いまわしとなったのである（Kenneth John Freeman & M. J. Rendall, *Schools of Hellas: An Essay on the Practice and Theory of Ancient Greek Education from 600 to 300 B.C.*）。

なお当時の「市民」とは、紀元前四五一年にアテナイで成立した市民権法によれば、両親ともにアテナイ市民であることが条件であった。女性も市民身分とそれ以外では扱いが異なり、女性市民は次世代の市民を生む人材として、極力、身内以外の男性の目にさらされることのないようにとの行動規範があった。そのため、家の中で女性どうしで楽器を弾いたり、書を読んで楽しむ風習があったとされる（桜井万里子・本村凌二『世界の歴史⑸　ギリシアとローマ』、一五五頁）。なお饗宴の伝統はローマにも部分的に引き継がれ、弁論家キケロもリラの奏法を知らない人は「教育が足りない人」と、ギリシアの考えを引き継いでいる（クインティリアヌス『弁論家の教育』、第一〇章）。

音楽の数学的側面——音程のしくみから世界の真理を解く

○　音楽と数学

紀元前五〇〇年ごろ、音楽にかんする大きな発見がもたらされる。

ピュタゴラスの定理で知られる数学者ピュタゴラスは、数をもってあらゆる世界の真理を探究し、音という現象の中にも数的法則をみいだした。伝説によれば、ピュタゴラスが鍛冶屋《かじや》の叩く金属音を聴いて、「なぜこの二つの音は美しく響くのか？」と疑問を抱いたことから、秤《はかり》の重量と協和する音程

(8度、4度、5度)の数的関係性をみいだし、さらにそれがリラの弦の長さの比にも関係あることを発見したのだ。8度が2:1、4度が4:3、5度が3:2の周波数比の関係にあり、さらに5度と4度の音程差9:8を単位音程(トノス、現在の全音にあたる)とした。ピュタゴラス音律ともいわれる。

ピュタゴラスおよびピュタゴラス派の考えは、後世の哲学者や天文学者に大きな影響を与えた。哲学者プラトンは、アテナイでアカデメイア(アカデミア)を創設し、ピュタゴラス派のカリキュラムを取り入れた。それは、自然の創造物を数によって解き明かす数論、幾何学、天文学、音楽の「四学科(クアドリヴィウム)」であった。そしてさらに弁証法を必修とした。人間が五感をとおした体験や感覚では認識できないイデアがあり、それが理論と知性によってほぼ認識できるようになるとして、議論や討論のための弁証法が必要だと考えたのだ(キティ・ファーガソン著、柴田裕之訳『ピュタゴラスの音楽』、一六二、一九一頁)。ここに、自由七課の原型がある。

さらに紀元前四世紀の哲学者・音楽理論家アリストクセノス、紀元二世紀の天文学者・数学者プトレマイオスは、ピュタゴラスの発見した数比論を進化させた音階論を著《あらわ》している。アリストクセノスは音楽演奏の現実にもとづいて音階をとらえ、たとえば4度を全音二つと半音一つとするなど、現代の平均律に相当する説を展開している。いっぽう、当時ローマ帝国領であったアレクサンドリアで活躍し、天動説を主張したプトレマイオスは、完全音程の8度、調和音程の4度と5度、さらに4度（テトラコルド）を三分割して生じる旋律音程をより厳密に数比で表し、感覚にも合理性にも適した分割だとしている（クラウディオス・プトレマイオス『ハルモニア論』第一巻一五章、山本建郎訳『古代音楽論集』より）。

○ 音楽と天文学

ピュタゴラスは「天球の音楽」という概念も創出した。天体は調和のとれた軌道に沿って運行しており、天球とは人間が聴くことのできない音楽であるとした考え方である。プラトンも『国家』の中で天球の音楽に言及している。

宇宙とはたんなる自然的事物の集まりではなく、ピュタゴラス的な調和に満ちた「天球の音楽」の世界である。美しい宇宙はしかし、たんに調和に満ちた幾何学的存在にとどまるわけではないことは明らかである。〔中略〕宇宙とはあくまでも「自分で自分を動かすもの」、「自己自身によって動かされるもの」としての驚異的調和に満ちた運動システムでもあるとした。

（伊藤邦武『物語　哲学の歴史』、五五頁）

プトレマイオスの『ハルモニア論』でも、天文学と音楽を結びつけている。世界は一定の宇宙的法則でなりたっており、音と音を調和させている数の法則は、そのまま天体の相互関係にもあてはまるとした。個々の楽音に各惑星をあてはめ、それらが律動的に円運動をおこないながら全体として調和（ハルモニア）が保たれていることに言及した。またそのハルモニア的な能力を「至上の理性」としている。一七世紀の天文学者ヨハネス・ケプラーは惑星の運動する速度の比は音程比と関係があると考え、その研究のすえに惑星の楕円《だえん》運動法則を発見し、地動説を決定的にした（『新天文学』）。また『ハルモニア論』のラテン語訳を手がけ、「音の高さのあいだに見られる特定の比は、特別な「崇高さ」や重要性をもっており、太陽系の配置と動きに組み込まれているという考え方」と「音楽が人間の魂に与える影響はこうした比に依存するというもの」の二つの正当性を解明する研究をおこない、ピュタゴラス的思想の本質である「天界の動きのなかに調和の本質をすべて見つけた」としている（『ピュタゴラスの音楽』、三六〇〜三六一頁）。

なお、フランスの地方都市シャルトルにあるノートルダム大聖堂（一二二〇年完成）には自由七課をそれぞれ象徴する人物の石像が彫られており、音楽を象徴するのはピュタゴラスである（『ピュタゴラスの音楽』、三〇七頁）。

音楽の感情的側面――リズム・旋律をもちいて精神修養を

○　道徳観

古代ギリシア時代は詩の朗読や演劇が盛んであり、音楽はそれに伴うものだった。紀元前八〇〇年ごろ、ギリシアの詩人ホメロスが『イリアス』『オデュッセイア』などの英雄叙事詩を著し、リラ（竪琴）、キタラ（竪琴、のちのギター）、アウロス（二本管の木管楽器）などの伴奏で語られた。紀元前二〇〇年にはセイキロスが亡き妻を偲《しの》んで歌った詩と旋律が残っている。哲学者プラトンいわく、音楽のハーモニーやリズムは原則として言葉によって規定されるものであった。つまり「はじめに言葉ありき」である。

古代ギリシアには民族や地域特有の音階が存在しており、それぞれにエートス（品性、精神、道徳概念）があるとされていた。ピュタゴラス派の考えを受け継ぐプラトンは『国家』（前三二八）で、ソクラテスとグラウコンの問答をとおして音楽に言及している。

悲しみを表現するハーモニーは混合リディア調か高音リディア調で、「すぐれた人間であるならば、とりわけ男子には排除すべし」とした。またイオニア調も柔和で弛緩《しかん》した調べだとして、酒宴用の旋法とみなしている。いっぽう、勇敢さや節度といった性質を表すのはドリア調とフリギア調で、勇敢な戦士や運命に毅然《きぜん》と立ち向かう人にふさわしいとした。それ以上に多様な調は不要であり、複雑な調性や無駄に弦が多いリラなどの楽器は作るべきでない、と断定している（プラトン著、藤沢令夫訳『国家』、二三二～二三四頁）。いっぽうプラトンの弟子アリストテレスはより柔和な音楽を好み、リディア調を「教育上好ましい」とした（*Schools of Hellas*, p.242）。このように音楽は、古代ギリシア特有の道徳観念と結び付けられた一面もある。

リズムにかんしても同様の議論が続く。優美であるか否かは、良いリズムであるかどうかに拠り、ハーモニーにも同じことがいえる、とソクラテスは言う。そして、音楽を学ぶことは最上である、なぜならリズムやハーモニーは魂の内奥まで入り込み、力強く引き締め、優雅さを授け、正しい魂のあり方へ導いてくれるからだ、と結論づける。

当時、音楽は人の魂を律する、つまり調和（ハルモニア）の役割をはたすと信じられていた。魂は体に起こるさまざまな激情によってかき乱される、そこで精神と肉体を整える調和（ハルモニア）の力こそが善や正義を実践するのに必要とされ、人や国家を良い方向に導くと考えたのだ。そのためすぐれた品格や所作、言語能力などを有する人物を育てるため、演劇で英雄などの役柄をさせて人格を模倣させるという手段も推奨された（*Schools of Hellas*, p.256）

プラトンが創設したアカデメイアでは、音楽をはじめ数学諸科を予備学問として位置づけ、一七、一八歳まで自由に学習するようにカリキュラムを組んでいた。そして二〇～三〇歳で、それまで分散的に学習していた諸学を総合的に見る視点を磨くために、「数学的諸学相互の内的結びつきを、全体的立場から総観する力を獲得するよう努めなければならない」（『プラトンの学校アカデメイア』、一四〇頁）とした。三〇～三五歳で哲学的問答の学習を、そして五〇歳にいたるまで公務について実際の経験を積み、五〇歳以降は少数の選ばれし者がイデアに到達し、国政に携わることを理想としている。

プラトンは師ソクラテスの言葉として、以下のように伝えている。

音楽・文芸と体育とを最もうまく混ぜ合わせて、最も適宜な仕方でこれを魂に差し向ける人、そのような人をこそわれわれは、琴の弦相互の調子を合わせる人などよりもはるかにすぐれて、最も完全な意味で音楽的教養のある人、よき調和を達成した人であると主張すれば、いちばん正しいことになるだろう。〔中略〕われわれの国家においても、監督者として何かそのような人をつねに必要とするだろうね——その国制が維持されるべきならば。

(『国家』、二七〇～二七一頁)

またアリストテレスも、音楽はよい人格を創るものであるから青少年に習わせるべきだと主張した。その根底には、音楽は魂の状態を如実に反映するという考え方があり、堕落した音楽を長く聴いていれば、堕落した精神の人格になる、という警告も含まれている。

これらの思想を理論的に音階論に反映したのが、天文学者プトレマイオスの『ハルモニア論』であった。オクターヴ両端の楽音が基準音となるトノス(オクターヴ種、いわゆる旋法)が変換すると、つまりハルモニアの転位によってエートスの違いが生じ、それが「魂の転位に一致する」(『古代音楽論集』、二七二頁)としている。

このように、古代から中世にかけては音の響きと精神性が密接につながっていると考えられていた。中世のキリスト教教会では単旋律のグレゴリオ聖歌が歌われたが、それは聖書の言葉がはっきり聴き取れるようにする目的があり、4度、5度の対旋律を加えたオルガヌムまでが許容された。しばらく後の時代には3度や6度の音程も使われるようになったが、増4度が悪魔の音程として避けられるなど、悪しき音は精神を堕落させるという古代からの思想に変わりはない。

○ 音楽療法

古代ギリシア時代には、音楽は人の精神を癒《いや》す効用があるとも信じられていた。フリギア調で奏でる笛の音は、音楽療法に適しているとされた。アリストテレスの弟子テオフラストスは「笛で奏でるフリギア調が腰痛《ようつう》を和《やわ》らげてくれる」と言っている。

また一九世紀のベートーヴェンは弦楽四重奏曲第一五番作品一三二の第三楽章を、「リディア旋法による、病《やまい》より癒《い》えたる者の神への聖なる感謝の歌」として、静けさに満ちた長大な楽章を書いている。これは死の二年前、作曲家本人が重大な病から快復したのちに書いた曲で、その心身を癒す意味がこめられていると解釈されている。これは作曲技法として旋法をもちいるというより、旋法が人間心理や気分を表すという、古代からの音楽療法的な考えが反映されていると考えられる。

○　音楽の言語的側面

音楽を学ぶことが自明の理であった古代ギリシアと異なり、ローマ帝国では基礎教養としての音楽の位置づけは流動的であった。それはローマが雄弁な弁論家を輩出することを至上としていたからだが、ふたたび音楽を重視するよう説いたのが紀元一世紀のマルクス・ファビウス・クインティリアヌスである。彼は『雄弁家教育論』で修辞学と同様に学ぶべき学課として音楽と幾何学を挙げている。ローマ帝国では弁論家を育てることが奨励され、とくに文法や修辞学に初等教育から力を入れていたが、それらを勉強するうえでも音楽がはたす役割は大きいとした。

音楽は二様のリズムがあり、それらは声と身体に現れます。というのも声も身体も、それぞれにふさわしいなんらかの規則性を必要とするからです。音楽家アリストクセノスは声の形式をリュトモスとメロスに分けたのであって、前者は拍子からなり、後者は旋律や音色からなります。ところでこれらすべてが弁論に必要なのではないでしょうか。これらのうちで第一の身体の動きは身振りに、第二のリュトモスは語の配列に、第三のメロスは声の抑揚にかかわり、これらは演説においてもきわめてよくもちいられるのです。［中略］整っていて品格のある動き――ギリシア語ではエウリュトミアと言います――もまた、（弁論に）不可欠であるとともに、音楽以外からは求めることができないものです。

（マルクス・ファビウス・クインティリアヌス著、森谷宇一・戸高和弘・渡辺浩司・伊達立晶訳『弁論家の教育1』、一一六～一一八頁）

エウリュトミア、これはいまで言ういわゆるリトミックである。古代ギリシアでは「リズムやハーモニーは魂の内奥まで入り込み、力強く引き締め、優雅さを授け、正しい魂のあり方へ導いてくれる」とされ、人間の精神性に影響をおよぼすと考えられていたが、ローマではより言語活動における実践的効用が重視されている。

リベラル・アーツの広まり
——音楽は数学科目に

しだいに収斂していくリベラル・アーツの科目——数学として

ギリシアは紀元前一四六年よりローマの支配下におかれ、政治・経済・文化面でもギリシア＝ローマ間で交流が盛んになる。紀元前二七年に共和制から帝政へ移行したローマ帝国は地中海を制覇《せいは》し、現在のフランス、イギリス、ドイツ、ギリシア、トルコ、アルメニア、イラク、エジプト周辺まで領土拡大して、絶大な権力をおよぼすようになっていた。法律や税制などさまざまな社会制度を整備するのに長《た》けていたローマ人にとって、教育制度を整えることも国家基盤を強固にするために必然のことであっただろう。なかでもギリシアの高度な文化はローマ帝国指導層教育にも積極的に取り入れられ、その教材としてギリシアの古典作品がもちいられた。財力のあるローマ人家庭では、学のあるギリシア人あるいはギリシア出身奴隷などが教育係を担っていた。あのユリウス・カエサルの家庭でも同様である。そして初等教育から高等教育に入る一六歳くらいのあいだに学ぶべき教科として、ラテン語、ギリシア語、修辞学（レトリック）、弁証学、数学・幾何学、歴史、地理が数えられ、天文学や音楽が加わることもあった（塩野七生『ローマ人の物語』第八巻、四四頁）。

一時期は流動的であったリベラル・アーツ科目もしだいにかたちが整えられ、しぜん音楽もそこに組み込まれていく。この流れを作ったのは紀元前一世紀のマルクス・テレンティウス・ヴァッロで、彼は音楽を含む九科目を基礎科目として定めている。そして五世紀のマルティアヌス・カペッラ『文献学とメルクリウスの結婚』で七科目（文法学、弁証術、修辞学、幾何学、算術、天文学、調和または音楽）をリベラル・アーツに指定している。さらに六世紀のボエティウスによって、音楽は「数学にかかわる四学科」（算術、幾何学、天文学、音楽）の中に区分される。

この自由七課が定まった時代、ローマ帝国は滅亡の危機を迎えていた。経済的にも軍事的にも弱体化が進み、社会的不穏が広まるなか、超自然的な力に対する信仰とともにキリスト教が勢力を増していった。三一三年にコンスタンティヌス一世がキリスト教を公認し、三九二年テオドシウス一世により正式に三位一体派（カトリック）キリスト教が東ローマ帝国の国教へ、そしてミラノ司教となったアンブロシウスは、異教徒・異宗派も徹底排除してキリスト教会の基盤を強固なものにし、守護聖人信仰を創立した（『ローマ人の物語』第四〇巻、一三八頁）。創造主であり絶対的存在である神を中心とした国家として統《す》べるには、その教理を理解・解釈する能力を高める教育が必要になる。神学者アウレリウス・アウグスティヌス（三五四〜四三〇）はアンブロシウスに洗礼を受け、ギリシア思想とキリスト教を統合した思想を打ち立てた。キリスト教国教化の過程で異教排斥《はいせき》によりギリシアの神々の彫像がことごとく破壊され、アカデメイアが閉校に追い込まれても、ギリシアで生まれたリベラル・アーツの伝統は生き残ったのである。

まもなく、ローマは東西分裂（三九五年）、西ローマ帝国滅亡（四七六年）、ゲルマン系ゴート族の流入と支配という末路を迎える。それからのち、音楽はキリスト教社会に融合するかたちで学ばれることになる。しかしこれは、かつてギリシアのアカデメイアでおこなわれていたシュンポシオン、すなわち一人ひとりが竪琴を奏でながら酒を酌《く》み交わしつつ座談した伝統とは異なる。数学にかんする四学科のひとつとして、音楽理論のみが教養の学問として残ったのだ。

ではなぜ、音楽の理論のみがリベラル・アーツになったのか。

哲学者・政治家であったボエティウス(四八〇~五二四)はローマ貴族の家系に生まれ、アカデメイアでギリシア哲学や教養科目を学び、のちにゴート族の王テオドリックに重用された。教養人であった彼は、アリストテレスをはじめとするギリシア語書物のラテン語訳を多く手がけた。ピュタゴラス派の思想を受け継いだアカデメイアの伝統を下地に、数学四科にかんする著作をまとめ、そのひとつが『音楽教程(*Die institutione musica*)』(四九五)として知られている。

ニコマコスの音楽理論、プトレマイオスのハルモニア論など、古代ギリシアの音楽理論と思想が集大成的にまとめられた同書は、重要な教材として普及することになり、音楽が数学として認識される決定打となった。

ボエティウスは音楽を「ムジカ・ムンダーナ(宇宙の音楽)」「ムジカ・フマーナ(人間の音楽)」「ムジカ・インストルメンターナ(器具の音楽)」の三種類に分けて論じた。「人間の音楽」では、精神と肉体を融合するのは調和の力で、それは音を調律することで協和する音を生み出すのと同じであるとした。

これもプラトンや、音楽を「理性と非理性の結びつき」としたアリストテレスの思想をふまえている（*Thesaurus Musicarum Latinarum* 英訳版）。さらに彼はプトレマイオスの音楽理論について詳しく論じ、理性だけにも感覚だけにも頼らず、その両者を意思の力で調和させるという考えを伝えた（金澤正剛『中世音楽の精神史』、四五〜四八頁、六五頁）。

ボエティウスの『音楽教程』は音楽の主要教材として中世まで読み継がれ、九世紀から一五世紀までに約一五〇の写本が残っているが、時代を経るにつれて注釈や図解が加えられていき、その時代に都合のよい方法で学ばれた。たとえば原本には声楽にかんする解説が少ないが、カロリンガ朝の理論家や学生や写本家は同書の言説や注釈をもちいて、ローマ・カトリック教会の典礼歌を学ぶための音楽書とした。また中世では聖俗両方の学校において、音楽の文脈をより幅広い世界観に結びつけて理解していた。聖俗それぞれの権威の見解はときに大きく対立したが、こうした考え方でその調和をはかることもあった（Elizabeth A. Mellon, *Inscribing Sound: Medieval Remakings of Boethius's "De institutione musica"*）。なお印刷技術発明後の一四九〇年代にも同書を含むボエティウス全集が印刷されている（『中世音楽の精神史』、四一頁）。ピュタゴラスから始まるギリシア的思想に根ざした音楽（調和）は、自由七課のひとつとして、キリスト教社会と融合しながら学ばれたのである。

ボエティウスは古代ギリシアの思想をもとに理性を至上のものとし、これが中世まで受け継がれることになるが、一九世紀の哲学者フリードリヒ・ニーチェは「知性は肉体に宿る」とした。現代ではあたりまえに信じられているこの考え方にいたるまで、じつに千年以上の時間を要したということになる。

○ 修道院をつうじて普及するリベラル・アーツ

古代ギリシア＝ローマから継承されたリベラル・アーツとしての音楽は、その後中世にまで引き継がれた。新支配者となったゴート族の王テオドリックに、ボエティウスとともに仕えた行政長官カッシオドルスは、退官後に南伊でヴィヴァリアムという修道院を創設する。この修道院ではギリシア＝ローマの古典を教材にして、リベラル・アーツ全般を教えていた。他の学校で重要視されていた修辞学ではなく、文学・哲学・音楽に重点がおかれていたのである。

カッシオドルスは教育の指針となる『聖俗諸学綱要』を著し、第一巻でキリスト教文書や聖書について、第二巻で自由七課について述べている（『ローマ人の物語』第四三巻、九九〜一〇〇頁）。修道院では図書館も整備されており、とうぜん『音楽教程』や『文献学とメルクリウスの結婚』の写本もあっただろう。

その後ゲルマン系民族のあいだで自由七課は広まり、ゲルマン系フランク族が樹立したフランク王国でもその足跡が見られる。学びの場でもあったこのヴィヴァリアムが、中世の修道院のモデルになったという説は有力である（Chris Schlect, "The Seminal Works of Medieval Education"）。

カッシオドルスの同時代人に、やはり修道院を創った人物がいる。五二九年、ベネディクトゥス（のちの聖ベネディクト）はナポリ付近にモンテ・カッシーノ修道院を創設した。聖書の朗読や祈りのほか、ギリシア＝ローマの文献の筆写という労働も後年加わり、それもまた中世の修道院のモデルになっていく（『ローマ人の物語』第四三巻、一〇四頁）。ベネディクトゥスはローマ貴族の家系に生まれ、テオドリック王時代に古典教育を受けた人物であり、彼の修道院でも自由七課を教えていたと考えるのが自然である。

また同じくローマ貴族の家系に生まれ、教養教育を受けて政治家として活躍したのち教皇となったグレゴリオ一世（在位五九〇～六〇四）は、音楽学校スコラ・カントルムを創設した。この教皇時代に当時ばらばらであった各地の礼拝形式や典礼歌を統一し、その名にちなんでローマ式典礼聖歌がグレゴリオ聖歌と呼ばれるようになったといわれる。スコラ・カントルムでは、典礼聖歌を学ぶこと、歌詞を理解するためラテン語を学ぶことなどが課せられた。グレゴリオ一世はローマ式教育を受けていたことから、やはりこの音楽学校でも自由七課を学ばせたことだろう。この教育方針が各地に広まったのは八世紀である。なかでもフランク王国ピピン三世および息子カール大帝（在位七六八〜八一四、のちに神聖ローマ皇帝）は、カトリック化政策を強硬に推進し、当時一般的であったガリア聖歌に代わってグレゴリオ聖歌を普及させるべく、スコラ・カントルムの伝統にのっとり、各地に修道院や教会学校を創設して音楽教育に力を入れた。また文芸教育も進め、カロリンガ朝ルネサンスとして一時代を築いた。その大帝がイングランドから招いた学者アルクイヌス（七三五〜八〇四）が高等教育の基礎となる教養学を作ったといわれる（『中世音楽の精神史』、一八〜二〇頁）。

四世紀以降、キリスト教国家体制が強化されるなかで、多神教であった古代ギリシア＝ローマの宗教は否定され、神殿や彫像は廃棄され、また最高学府であったアテナイのアカデメイアも廃止された。しかし自由七課として整えられたリベラル・アーツは、その後キリスト教の修道院をとおして中世に伝わっていった。ギリシア＝ローマの伝統を部分的にでも継承したのは、その叡智《えいち》をキリスト教国家の中で融合させて生かすためでもあった（『ローマ人の物語』第四三巻、一〇四頁）。その象徴的存在ともいえるのは、五世紀のアウグスティヌス、八世紀のアルクイヌス、そして一三世紀のトマス・アクイナスである。

アクイナスも先達と同じく、古代ギリシア哲学者アリストテレスの思想とキリスト教思想を統合して、『神学大全』として神学を体系化した。五歳から一三歳までモンテ・カッシーノ修道院で過ごし、その後一二三六年ナポリ大学の学芸学部に進学している（"Monte Cassino" in *The Order of Saint Benedict*）。二つの異なる領域を統合する学際的なアプローチは、自由七課、つまりリベラル・アーツの学びなくしては実現できなかった。

リベラル・アーツの学位化
――中世の大学で音楽＝数学が教養課程に

中世大学での音楽教育

中世になると、ヨーロッパでは大学がつぎつぎに創設された。その時代、音楽はどのように学ばれていたのだろうか。

ヨーロッパ最古の大学はボローニャ大学（一〇八八年創立）である。学生組合が教授を雇うかたちで始まった教育機関で、おもな科目はローマ法であった。のちに自由学科、神学、医学が加わり、ローマ教皇庁から大学認定を受ける。続いてパリ大学（一一五〇年）、オックスフォード大学（一一六七年）設立、さらにオックスフォードから離脱した学生が作ったケンブリッジ大学（一二〇九年）とつぎつぎに大学が創設された。いずれもヴァティカンのローマ教皇庁から承認を得た高等教育機関であり、ストゥディウム・ゲネラーレ（Studium Generale、中世の大学の呼称）と呼ばれた。

自由七課は学芸学部（または人文学部、教養学部）となり、上位三学部（神学部、医学部、法学部）へ進学するための基礎教養として必修となった。これが中世大学のモデルとなる。学芸学部は語学にかんする三課程（トリヴィウム：文法、修辞学、論理学）と、数学にかんする四課程（クヮドリヴィウム：数学、幾何学、天文学、音楽）に分けられた。

では、大学で音楽をどう教えていたかというと、古代から数学四課程のひとつとして教えられてきた方法とさほど変わりはないようだ。だが大学や時代によって違いがある。一二〇〇年代のパリ大学と一四〇〇年代のライプツィヒ大学の学位条件を例に挙げたい（参考：C・H・ハスキンズ著、青木靖三・三浦常司訳『大学の起源』、一九八〜一九九、二〇五〜二〇七頁）。

一一五〇年に設立されたパリ大学はノートルダムのパリ司教座教会付属神学校を起源とし、人文・

神学・医学・法学の四学部があり、人文学を修めてから上位学部に進むしくみであった。これは他の中世大学とほぼ同じである。たとえば、一二五四年に「パリ大学で学芸の学位に要求された書物」は次のとおりである。

(1)旧論理学　(2)新論理学　(3)道徳哲学　(4)自然哲学　(5)形而上学　(6)その他

目録にはすべてが記載されているわけではないが、アリストテレスの書物が多数を占める。また四課程の教科書として、アリストテレスのほか、ボエティウスの『音楽教程』『算術教程』などがもちいられている。修辞学では、アウグスティヌスの『音楽論』でギリシアの韻律論《いんりつ》などが学ばれた。

いっぽう、一四一〇年に「ライプツィヒ大学〔*〕で学芸の学位に要求された書物」は、次のとおりである。

学芸学士：(1)文法、(2)論理学、(3)自然哲学、(4)数学
学芸修士：(1)論理学、(2)道徳哲学と実践哲学、(3)自然哲学、(4)形而上学、(5)数学

この「学芸修士　(5)数学」の中に音楽が含まれており、教材として「『音楽』(ムリスのジョン／三週間〜一カ月)」が挙げられている。「ムリスのジョン」とは、一四世紀の数学者・天文学者で当時の知識人に読まれていた英国出身のヨハネス・デ・ムリスの書のことである。その著作にはアルス・ノヴァの記譜法について論じた『計量音楽の書』『ボエティウスにもとづく思弁的音楽』などがあり、そのいずれかが教科書として指定されていたと考えられる。『大学の起源』の著者ハスキンズは、「七自由学芸がふえており、全体としていっそう均衡のとれたものになっている」としている。とはいえ音楽に着目すれば、数学の一部としての音楽理論に限定されたものであり、履修期間も一カ月足らずと短かった。

プトレマイオスなどの著述をまとめたボエティウスや、ボエティウスの著述に学んだヨハネス・デ・ムリスなどの教材からわかるのは、中世の大学で教えられていたのは、古代から受け継がれる数学としての音楽であったということである。つまり中世までのリベラル・アーツとしての音楽は、歌や楽器演奏などの実技だけでなく、教会音楽を理論的に学ぶこと、また音(音楽)という現象をとおして、万物の真理や法則を読み解くものだった。

すべての学芸科目を修めた修士号取得者はマギステルと呼ばれ、多くは聖職者になったり、社会的立場の高い職業に就いた。また教授として教える権利をもち、指導的立場に就く者もいた。法的にもキリスト教会から身分が保証されていた大学生および学位取得者は、社会の中でも特権的な存在であり、また多方面に精通した多才な人物が多かったようだ。作曲家として名高いギヨーム・ド・マショー（一三〇〇〜一三七七）もマギステルであったが、学者、詩人、文学者、修辞学者、数学者、天文学者、音楽家であると自称し、政治家、高位の聖職者としても活躍した。パリでノートルダム楽派として活躍し、『オルガヌム大全』にかかわったレオニヌス、ペロティヌスもマギステルであった（『中世音楽の精神史』、一一八頁）。また『神学大全』を著したトマス・アクイナスも、『神曲』を書いてルネサンスの先駆けとなったダンテも、ラテン語文法を整備した詩人ペトラルカもマギステルである。すべての学問に通じ学際的な思考力をもつ彼らは、ものごとを体系化することに長《た》け、まさに「大全」を著すのにふさわしい人材だったといえる。

いっぽう修道院や教会付属学校では、音楽理論を学びながら聖歌の歌唱や楽器演奏などの実技も学んでいた（皆川達夫・倉田喜弘監修『詳説 総合音楽史年表』、一四頁）。アントニオ・ヴィヴァルディ（一六七八〜一七四一）は孤児院付属音楽学校に雇われ、ヴァイオリン奏者・作曲家・音楽監督として活躍した。また世俗音楽もつぎつぎに生まれていた。なかでも一四世紀に活躍したギョーム・ド・マショーは聖職者として多くの宗教曲や典礼音楽を書きながら、バラードやシャンソンなど多くの世俗音楽も作った。宗教曲と世俗曲の両方を書いたというのは、四世紀後のJ・S・バッハも同じである。両者とも、あるひとつの時代がきわまったところで、それを総括し、次の時代の足がかりをつくったのである。

*――ライプツィヒ大学は、チェコ大学（神聖ローマ皇帝カール四世が創設したストゥディウム・ゲネラーレ）が宗教改革者ヤン・フスによって内部分裂したとき、それを逃れた教授や学生によって一四〇九年に創られた大学である。この街はのちにプロテスタント領邦となり、一六世紀にヨーロッパ中を揺るがせた宗教改革の一大拠点ともなる。当時カトリックの聖職者を多く生み出し、一大権威であったパリ大学とは性格が異なる。

英国で世界初の音楽学士号授与！

ここでイギリスに目を転じてみたい。

一二〇九年に設立されたケンブリッジ大学では、他の中世大学と同様に、自由七課として音楽が学ばれていた。しかしそれ以外にも、作曲や合唱などの実践も含めて音楽を学ぶ学生がいた。そこで同大は一四六四年に世界初となる音楽学士号を授与している。エドワード四世治下の王立青少年合唱隊楽長であったヘンリー・アビントンという学生に、一定の勉学を修めたことを証明する学位が授与された。同じ年に、エドワード四世付の牧師に音楽博士号が授与され、一六世紀には作曲家オーランド・ギボンズなどに音楽学士号が授与されている（ケンブリッジ大学公式ホームページ）。

中世の大学では、自由七課は医学・法学・神学の上位三学部へ進学する前段階として学ぶ基礎科目であり、その中のひとつである音楽に対し、学位に相当するものを認めたのは歴史的な一歩である。それも、「数学としての音楽」ではなく、「音楽としての音楽」に学位が与えられたのだ。エドワード四世の配下に授与されたとあるから、イングランド王の権威づけに寄与したとも考えられるが、職業音楽家がその技能や実技に対して学術界のお墨《すみ》つきを得たことは特筆すべきだろう。言ってみれば、アルテス・リベラーレスとアルテス・メカニカエが融合した学びに対して、はじめて学位が与えられたわけである。理論だけでなく実践も重視する考え方、いやむしろ、あらゆる実践行為を理論づける経験主義的な考え方は、いまの英国にも通じるところがある。

では、当時の英国の音楽的環境はどのようなものであっただろうか。

かつてローマ帝国の一部であったイングランドは、大陸の影響を受けながらも、音楽・文化面で独自の発展をとげている。たとえば八世紀、フランク王国のカール大帝のもとで教養学を推進したアルクイヌスは、ヨーク大聖堂学校でカトリック教徒として育ち、生活の中に聖歌があった。また一一世紀には、グレゴリオ聖歌を定旋律として性質の異なる歌詞や旋律を自由に挿入していくトロープスの楽譜が、イングランドで作成されている。『ウィンチェスターのトロープス本（集）』は一〇〇曲ほどの二声オルガヌムが記譜されており、現在ケンブリッジ大学に所蔵されている（皆川達夫『中世・ルネサンスの音楽』、八六〜八八頁）。

さらに一三世紀には、高度に発達していたノートルダム楽派の多声楽曲がスコットランドで演奏され、一四世紀初頭にはカノン（《夏はきたりぬ》など）が作られた。一五世紀にかけては3度と6度の協和音をもちいた楽曲が普及し、大陸の音楽家にも新鮮な驚きを与えたそうだ。ひとつの楽曲において三声、二声、一声と声部構成を変化させていく手法がとられたりもした。こうした手法を用いて作られたのがキャロルである（『中世・ルネサンスの音楽』、一二三〜一二五頁）。

しかし、一六世紀以降は音楽の発展という点ではヨーロッパ他国の後塵を拝することになる。百年戦争やバラ戦争などの戦いに明け暮れて国は疲《ひ》弊《へい》していた。また、かつてはカトリック信仰も根強く、オックスフォード大やケンブリッジ大を認可したローマ教皇庁ともつかず離れずの関係を保っていたが、ヘンリー八世（在位一五〇九～一五四七）の離婚・結婚をめぐる宗教上の理由から教皇庁と対立し、エリザベス一世（在位一五五八～一六〇三）の治下、イングランド国教会が正式な国教となった。そのさいカトリックは厳しく弾圧され、清教徒も排斥の対象となった（清教徒はイギリスにおけるカルヴァン派。宗教改革でカトリックに反旗を翻《ひるがえ》したマルティン・ルターに共鳴し、ジャン・カルヴァンは徹底した聖書中心主義を説いた）。清教徒の一部は一六二〇年に大西洋を渡ってアメリカ大陸に入植した。それが有名なピルグリム・ファーザーズである。そして神父を養成するために、一六三六年にハーバード・カレッジを創設したのである。

その後のケンブリッジ大学はといえば、音楽の専任教授がはじめて就任したのは一七世紀半ば、正式に音楽の授業が始まったのは一八三六年、音楽学科が成立したのは二〇世紀半ば（一九四七年）である。いかに世界初の音楽学士号を授与した大学でも、産業革命によるピアノ生産増と大衆への普及を経ても、なお音楽学科として成立させるには多くの時間を要したのだ。

新設ハーバードでは中世教育のまま

ハーバード大学は全米最初の大学として、マサチューセッツ州ボストン市ニュー・イングランドに一六三六年に創立された。その名が示すように当時ニュー・イングランドは一六二〇年メイフラワー号でやってきたピルグリム・ファーザーズをはじめとする清教徒が入植した英国領であり、ハーバードもいまのような総合大学ではなく、牧師を養成するための神学校として始まった。これをハーバード・カレッジという。

当初は学生九名のこの学校が、その後アメリカの大学のモデルとなっていく。創立にかかわった三名はいずれもケンブリッジ大学出身者だったため、キャンパスがある地区はケンブリッジと名づけられている（つまり、ハーバード大学はケンブリッジにあるのである！）。

創立当初は厳格なイングランド式高等教育がおこなわれており、カリキュラムは厳格に定められ、学生はカレッジと呼ばれる寄宿舎で生活していた。ピューリタンは聖書を直接読むことに重点をおき、授業も朗読を繰り返すだけであった。つまり新大陸といえども内容はまだ中世の延長でしかなかったわけである。

しかし学問の世界は旧態依然としていても、一般社会では世俗音楽がどんどん生まれていったように、ここハーバードでも聖歌や賛美歌などは教室ではなく、教会を中心とした日常生活の中に息づいていた。音楽の大半は宗教的なテーマによって作られ、おもに賛美歌が歌われた。ニュー・イングランドは信仰心の厚い地域で、あまり宗教的ではなかったり、過度に「世俗的な」芸術作品や劇は禁じられた(Walter Raymond Spalding, *Music at Harvard: A Historical Review of Men and Events*)。しかし、しだいにヨーロッパ大陸から流入してきた音楽が演奏されるようになる。ハーバードにも聖歌隊はあったものの楽器演奏の機会がなかったため、一八〇八年に何名かの学生が集まってピエリアン・ソダリティーと呼ばれる小さな室内楽団をつくった(現在のハーバード＝ラドクリフ・オーケストラ)。

一七世紀半ばといえばヨーロッパ大陸ではルネサンス後期からバロックへの移行期であり、まだ教会旋法による多声音楽が盛んであった。楽器もクラヴィコードやチェンバロ、イギリスではヴァージナルなどが主流であり、その時期に伝来したものか、ボストン博物館には一五五〇年のナポリ製ハープシコード(チェンバロ)などが所蔵されている。同時代の芸術家には、オペラの祖を築いたクラウディオ・モンテヴェルディ、ルイ一四世宮廷で活躍したオペラ・バレエ作曲家ジャン＝バティスト・リュ

イェール大学バイネキ稀覯本図書館に展示されているシェイクスピアの著書

リ、初期バロック音楽の作曲家ジローラモ・フレスコバルディがいる。フィレンツェやヴェネツィアの商工貴族が支えたルネサンス芸術、ローマ・カトリック教会の音楽芸術など、当時はイタリアが音楽文化の中心地であった。

中心地ではなかったイングランドからも、英国国教会との宗教的対立からアメリカに渡った清教徒や後続の入植者たちが、新天地に楽譜や楽器を携えていった。なおこの直前に劇作家ウィリアム・シェイクスピアが多くの作品を残して他界しているが、存命中から知られていたシェイクスピア作品が新天地に渡り、彼らの精神基盤のひとつになっていただろうと推察できる。イェール大学バイネキ稀《き》覯本《こうぼん》図書館には、当時の書物が残っている。

リベラル・アーツの近代化
——芸術・人文学としての音楽へ

ヨーロッパでは「神」から「人」中心の世界観へ

清教徒がアメリカに渡ったころ、ヨーロッパ大陸では大きな節目を迎えていた。一四世紀〜一六世紀半ばのルネサンス、一七、一八世紀の啓蒙主義や科学の発達を経て、キリスト教的世界観が大きく揺らぎ始める。それは神を中心とした世界観から、人を中心とした世界観への変容であった。

その最初の兆《きざ》しはルネサンスにさかのぼる。ルネサンス期の詩人や芸術家は古典復興を掲げ、キリスト教なき世界、つまり古代ギリシアへ回帰して新たな人間観を打ち立てた。それを後押ししたのが印刷技術の発明（一四五四年）であり、キケロやアリストテレス全集などのギリシア古典や、『音楽教程』を含むボエティウス全集出版であった。またフィレンツェでは古代ギリシアのアカデメイアを模した、アカデミア・プラトニカが設立された。しかし、ルネサンスもまだキリスト教内での意識改革だと指摘されている（濱崎雅孝『ルネサンス、宗教改革、啓蒙主義時代における人間論とキリスト教』）。じじつ、ルネサンス期にはまだ神学部が上位学部とされており、その影響力は存続していた。そしてギリシア思想とキリスト教思想を融合させる試みもあった。

しかし一七世紀ごろより、神から人へ、大きな時代の節目を迎える。科学と哲学における新たな動きが、一神教の思想による影響を受けない学問体系と人権思想をもたらしたのである。科学ではコペルニクスによる地動説（一五四三年）が、天動説とキリスト教的価値観を根底から覆《くつがえ》し始めた。また哲学ではエラスムス、トマス・ホッブズ、ジョン・ロック、ジャン＝ジャック・ルソーなどが人権思想や公権力に対する個人の優位を主張し、またルネ・デカルトは「われ思う、ゆえにわれあり」と唱えて、人間の自由意思や理性の優位性を訴えた。こうした啓蒙思想を積極的に取り入れる新しい種類の大学も各地に登場した。それまでもっとも権威があった神学部を学問的中心から外し、新しいカリキュラムの導入がおこなわれるようになったのである。

そのひとつがドイツのゲッティンゲン大学である。同大は一七三四年に創設された。創設者はジョージ二世（イギリス・ハノーヴァー朝第二代国王、兼ハノーファー選帝侯ゲオルク二世アウグスト。在位一七二七〜一七六〇）。当時ハノーファー選帝侯国はグレート・ブリテン王国と同君連合国であり、ひとりで両国の君主を兼ねていた。同時代人のゲオルク・フリードリヒ（ジョージ・フレデリック）・ヘンデルは《ジョージ二世の戴冠式アンセム》を作曲している。この英独を結ぶネットワークをとおして、啓蒙思想を生み出したイギリスから文化や思想が盛んにドイツへ伝わった。「……［ゲッティンゲン大学は］イギリスとの同君連合の関係がさいわいして、他のドイツ大学と違い神学部の大学支配を排除した、ドイツで最も自由な大学であった。またそこから、啓蒙主義や自然諸科学はじめ、イギリスやヨーロッパで生まれた新潮流に対するドイツの窓口となっていたのである」（岡崎勝世『科学vs.キリスト教』、一四六頁）。

ルターの宗教改革以降、ハレ大学やゲッティンゲン大学などはプロテスタント領邦としてローマ教皇庁の許可を得ずとも大学を創設できた。当時ドイツでは科学尊重を掲げたハレ大学などが先行して設立されていたが、啓蒙主義に後押しされたゲッティンゲン大学では「教育の自由」を掲げ、教会からの思想的な制約を受けることなく、独自の裁量によって科学的研究と教育がおこなわれていた。研究と教育の一体化という点で他大と一線を画していたというのが、ゲッティンゲン大の自負でもあった。これは後発のベルリン大学にも影響を与えている。

そのゲッティンゲン大学の創設にさいして、教授陣や有識者が意見書を出している。その中で法学教授ヨハン・ヤーコプ・シュマウスが当時の学問状況に鑑《かんが》み、カリキュラム近代化に向けて有意義な提言をした(別府昭郎『近代大学としてのゲッティンゲン』、三八九頁)。そこには古代・中世を経て継承されてきたアリストテレスの影響を受けた諸学問、そして自由七課はもはやない。また中世から一貫して上位学部であった神学に代わり、基礎教養課程であった哲学が存在感を増してきた。一七九八年、イマニュエル・カントは『学部の争い』で哲学部の優位性を説き、ベルリン大学構想時にも影響を与えている。さらには芸術科目が加わり、音楽、体操、乗馬、フェンシング、ダンス、図工などが教えられるようになった。このカリキュラム近代化によって、音楽が数学の一科目でなく芸術科目として大学で学ばれるきっかけになったのである。

ドイツには自己形成、教養教育をさす「ビルドゥング」という言葉がある。この言葉は、最初はキリスト教の教えとして高次の精神性を獲得するための精神鍛練をさしていたが、しだいに文化、経済、政治、芸術や音楽、あらゆる分野の知を得て、全人格的な教養人を形成することを意味するようになった。二〇世紀にかけてその内容はまた変質していったが、ゲッティンゲン大学においても、創設当初にあったこの思想によって音楽学科が生まれる土壌はできていたのである。

ヨーロッパでは音楽科目も近代化――〝音楽史〟の発見

この新進気鋭のゲッティンゲン大学で一七七二年より、音楽学者ヨハン・ニコラウス・フォルケルが私的にではあるが和声の講義を始めている(musicologie.org)。フォルケルはゲッティンゲン大学で二年間法学を勉強し、一七七八年に同大教会のオルガニストに採用され、一七七九年に音楽部長となり、一七八三年教授に就任。以降一八一八年に没するまで音楽理論、音楽史、鍵盤楽器指導などの役職を歴任し、最終的には音楽学科長となった。また、理論だけでなく演奏活動も活発におこない、学生、教授、地元の音楽愛好家を含めたアンサンブル・グループを結成し、冬学期には毎週のようにコンサートを開催した(*Vincent Duckles, Johann Nicolaus Forkel: The Beginning of Music Historiography,* p.281)。著書は『音楽史通論（*Allgemeine Literatur der Musik*）』（一七九二）、『ヨハン・ゼバスティアン・バッハの生涯、芸術、および芸術作品について（*Über Johann Sebastian Bachs Leben, Kunst und Kunstwerke*）』（一八〇二）が代表作として知られている（Encyclopedia Britannica）。

数学でもなく、宗教のためだけでもない、音楽を実践するための音楽理論と演奏技術がドイツの大学で学ばれるようになったのは、このフォルケルという人物に拠るところも大きい。彼はまさに歴史の転換点にいた人物であった。彼は啓蒙主義時代において、哲学者や歴史学者と同様に、人類やあらゆる文化発達史の中で音楽をとらえ直した。「人間はどのように音楽を発見し、発展させてきたのか」、つまり人間が築き上げた文化とともに発達した音楽、という視点を加えたのである。そして音楽の発展を三つの時代に区分した。第一段階を先史時代における音とリズムの誕生、第二段階を古代ギリシア＝ローマにおけるメロディーの誕生、そして第三段階を一六世紀以降のハーモニーと調性の誕生として、その頂点をJ・S・バッハとした（*Johann Nicolaus Forkel*, p.283）。

フォルケルはプライベートでも教えており、貴族階層出身でゲッティンゲン大生であったヴィルヘルム・フォン・フンボルトも生徒のひとりであった（musicologie.org）。そのフンボルトは一八一〇年、プロイセン王国にベルリン大学を創設し、それが近代大学モデルとして世界中に伝播《でんぱ》していったのであった。「ベルリン大学は、国家からの「学問の自由」の標語の下に、カントの理論にもとづき、法学、神学、医学といった伝統的な学問領域を軸としつつも、これら三つの学問のみならず、自然科学を含めてすべて学問の理論的な研究を哲学が指導するという教養大学モデルを採用した」(ウィキペディア「フンボルト大学ベルリン」)。

そのベルリン大学にも音楽学科は存在した。フェリックス・メンデルスゾーンの推薦により、アドルフ・ベルンハルト・マルクス(一七九五〜一八六六)が一八三〇年にベルリン大学音楽教授となり、音楽学の講座を開設している(久保田慶一『音楽とキャリア論集』)。マルクスはベートーヴェンのピアノ・ソナタをもとにソナタ形式の理論をまとめ、それが今日にいたるまで定論として受け継がれている。また一八五〇年には作曲家ユリウス・シュテルン、テオドール・クックラクとともにベルリン音楽学校を創設した(西原稔『ピアノ大陸ヨーロッパ』、一七〇〜一七一頁)。同音楽学校はその後、幾度かの改修をへて、現在はベルリン芸術大学の一部となっている。

このように、一八、一九世紀のゲッティンゲン大学およびベルリン大学では音楽が学ばれていた。そしてそのカリキュラムは、中世と近代とではまったく異なるものである。つまり同じく「音楽」といえども、一五世紀にライプツィヒ大学で教えられていた音楽と、一八世紀のゲッティンゲン大学や一九世紀のベルリン大学で教えられていた音楽とは、性質が異なっていた。一五世紀はまだ中世の延長で、数学の一環として音楽が教えられていた。しかし一八世紀にはすでにバッハもヘンデルもハイドンも活躍し、モーツァルトやベートーヴェンもこれから作品を生み出そうかという時代。そして一九世紀にはロマン派全盛期が訪れ、文学でその流れを押し広げたゲーテや、その影響を受けたメンデルスゾーン、シューマン、ブラームスなどが登場する。大学で音楽が「数学科目として」ではなく「芸術科目として」、つまり新たな教養として教えられるようになったのはこのころである。これはシュマウスの考え方を反映していると考えられる。

ちなみにゲッティンゲン大学創設時にカリキュラムを提言したこのシュマウスは、ドイツ啓蒙主義の中心地のひとつであったハレ大学出身であるが、母校ですでに芸術科目が教えられていた可能性もある。現在は哲学部第二類に音楽学科があり、音楽学や音楽教育が教えられている。いずれにしても、宗教改革、啓蒙主義、科学新興といった近代化への一連の流れが、学問としての音楽教育のあり方も変えたといっても過言ではないだろう（ゲッティンゲン大学創設より四〇年ほど前、スコラ哲学に異を唱えてライプツィヒ大学教授職を追われた法学者・哲学者のクリスティアン・トマジウスが、一六九四年にハレ大学を創設した。これが近代的な大学の祖とされるが、軍事体制を強化したいプロイセン王の方針に従うことを余儀なくされた。なおトマジウスはライプツィヒ大の法学教授時代にラテン語ではなくドイツ語による授業をおこなっており、これが敬虔主義、そしてドイツ啓蒙主義の始まりともいわれている）。

ドイツへ留学したアメリカ人学生が受けた衝撃

しかし、新大陸アメリカでの高等教育は旧態依然としていた。それはまだ中世の延長にすぎなかった。ヨーロッパ大陸で席巻していた啓蒙主義が、当時植民地であったアメリカにも伝わったにもかかわらずだ。当時ロンドンで発行されていた書物は、植民地であるアメリカでも出版されており、一六八〇年代には、すでにボストンの書店では古典文学、歴史、政治、哲学、科学、神学、および純文学の書籍を扱っていた。一六三八年、英国植民地として初、北米では二台目の印刷機がハーバード・カレッジに設置された（アメリカ大使館公式ホームページ）。

しかし、啓蒙主義がすぐに教育現場に反映されたかというと、けっしてそうではなかった。清教徒はイングランド国教会主流派と相容《い》れずに、アメリカに渡った熱心なプロテスタント信者（カルヴァン派）である。したがって教育方針としては、清教徒の純粋培養といえる内容であった。新設されたハーバード・カレッジは出発点からして神学校であり、古典教科の必修、多くがラテン語の教科書の復唱という授業内容であった。現実には卒業生の職業選択が幅広くなってきたにもかかわらず、当時の学生は全員が同じ内容を同じ時間だけ学んでいたのであった。

そこに一石を投じたのは、若手教授ジョージ・ティクナー（一七九一～一八七一）である。ティクナーは一八一五年から三年ほど、イギリス、ドイツ、フランスなど欧州諸国で学んだ。二四歳の若きアメリカ人青年にとって、ヨーロッパは刺激に満ちていた。彼はトマス・ジェファーソン大統領の紹介をつうじてフランスの要人と交流したほか、ヨハン・ヴォルフガング・フォン・ゲーテの著書『若きウエルテルの悩み』を自分で英訳していたこともあり、ワイマールのゲーテ本人を訪ねている。またパリではベルリン大学創始者ヴィルヘルム・フォン・フンボルトの弟、植物学者アレクサンダー・フォン・フンボルトと出会い、以来約四〇年にわたって親交を結んでいる（Ingo Schwarz, *Transatlantic Communication in the 19th Century: Aspects of the Correspondence Between Alexander von Humboldt and George Ticknor*）。そしてドイツではゲッティンゲン大学に二〇カ月滞在した。ここで若きティクナーは衝撃的な体験をする。わずか二歳年上のギリシア語のチューターが自分よりはるかに博識であることを知り、アメリカの教育がいかに遅れているかを痛感させられたのだ。

ティクナーは帰国後すぐにハーバード大学に招かれ、二八歳でフランス語、スペイン語、文学の教授となった。彼と同時期にハーバード教授として招かれた他の三名（エベリット、コグスウェル、バンクロフト）もやはりゲッティンゲン大へ留学していた。このドイツの大学が四名にもたらしたものは、最先端の学究知識だけではなく、自由なカリキュラムの組み方、自主自立の精神、キリスト教的価値観による支配からの脱却、教育と研究の一体化、自然科学の研究などもあったと考えられる。ティクナーが、古典教科で占められていたハーバードのカリキュラムに疑問を感じ、改革しなければと行動を起こしたのは自然ななりゆきであった。しかし、古い箱の中身を変えるのは、新しい箱を作るよりもむずかしいことを痛感することになる。

欧州大陸の当代一流の学者などと交流を重ね、ドイツの大学で最先端の学問を身につけたティクナーは、いかにハーバードの改革を試みたか。それは全学部のカリキュラムを再編成することだった。学長の理解を得て改革は一時成功したかに思えたが、古典教科の教授陣による反対運動に遭い、あえなく頓挫《とんざ》する。科学などの近代的教科も入れるべきであるという新興勢力と、古典教科の修養と教養

ハーバード大学のキャンパス（上）とコンサート・ホール（下）

こそが大学の本分であるという保守勢力とのあいだで、溝は深まるいっぽうだった（潮木守一『アメリカの大学』、八二〜八八頁）。

しかしティクナーがカリキュラム変革に失敗したとはいえ、時代の流れはもう止められなかった。大学創立から二〇〇年、ハーバード構内ではカリキュラムをめぐる新旧対立が激しくなったが、新たな方向に舵《かじ》を切る機運は社会のあいだでしだいに高まっていた。

リベラル・アーツの拡大化
——アメリカが問い直した基礎教養

社会が近代化し、音楽が大衆化をとげた二〇〇年間

では、大学周辺ではどのような社会環境の変化があったのだろうか。アメリカ大陸入植から約二三〇年、アメリカ合衆国独立(一七七六年)から約八〇年が経過し、生活基盤の確立にしたがって富裕市民層ができ、文化芸術活動の機運が高まっていた。その二世紀のあいだにどのような社会的変化があったのだろうか。二つの大きな流れを見てみたい——音楽の大衆化と、社会の近代化である。

まず音楽の大衆化であるが、この時期にヨーロッパ各国で学位授与権をもたない音楽院が設立されている。フランス音楽アカデミー（一六八九年）、リーズ音楽院（一七五七年）、パリ音楽院（一七九五年）、ウィーン音楽院（一八一八年）、ロンドン王立音楽院（一八二二年）、ケルン音楽アカデミー（一八五〇年）などである。音楽家は宮廷や王侯貴族に仕える存在ではなく、一般大衆を聴衆とするようになり、裾野《すその》の広がりとともに職業音楽家や教育家の志望者も増えていく。またアメリカでもニューヨーク・フィルハーモニック創設（一八四二年）、ニューヨーク・スタインウェイ社設立（一八五三年）、ニューヨーク・メトロポリタン歌劇場創設（一八八三年）と続いた。

社会も近代化をとげていく。イギリスでは一七〇〇年代半ばから産業革命が始まり、それにともないブロードウッドなどのピアノ製作会社が発展していく。一八五一年には第一回世界万国博覧会がロンドンで開催され、世界中からさまざまな技術がしのぎを削りあった。アメリカでも産業革命が進み、一八五三年にはニューヨークで世界万博が開催され、同年ニューヨークで開業したスタインウェイ社も出展した。一九世紀はドイツからアメリカへの移民が急増し、創業者のヘンリー・スタインウェイ（ドイツ名ハインリヒ・シュタインヴェーク）も例外ではなかったが、この新天地において国の威信をかけた博覧会で出品したことにより、技術の進歩と一般大衆への普及が加速したことがうかがえる。

こうした音楽文化や最新技術がアメリカにもたらされると同時に、商工業の発展により富裕市民層が生まれ、音楽や芸術を学ぶことが教養であるという意識が高まってきた。とくにハーバードのあるマサチューセッツ州には開拓移民第一世代を先祖にもつボストン・ブラーミンと呼ばれる社会階層が増えており、社会的な影響力をもっていた。開拓者たちは蓄財・資産拡大が認められている清教徒である。なかには商人階級の子女と知識階級の結婚により、より上級の社会階層をめざす人々も増えていた。富裕市民が芸術文化に財を投じることがこのころから始まっていたのだ。じっさいハーバードでは一八二〇年代に商人階級による寄付が盛んになり、大学の受ける寄付の三分の二は個人によるものになった（『アメリカの大学』、四〇頁）。

そして音楽の普及に一役買う人物も登場する。ボストン出身のローエル・メイスン（一七九二〜一八七二）は「ハイドン・モーツァルト協会教会音楽集」を編纂《へんさん》し、一八三八年にはボストンの公立学校の教育に音楽を導入することを実現した（『ピアノ大陸ヨーロッパ』、二二四〜二二五頁）。こうしてハーバード大学に音楽学科ができる下地は、着々と整ってきたのである。

音楽が学問として体系的に学ばれるようになったのは、「音楽を学ぶ」「豊かな生活の象徴としての音楽」という文化思潮が定着してきた兆しといえるかもしれない。

さらにこのころ健全な市民社会創りへの意識も高まり、一般の初等・中等教育においても教育の質の転換がもたらされた。ジョン・デューイ（一八六二〜一九五二）は受動的な暗記型教育に疑問を唱え、能動的な批判的思考を高める教育を提唱し、その一環として芸術にも重きを置いた。それも美術品を鑑賞するだけの表面的なものではなく、身近にあるものの素材や源流をたどったりしながら、生産者や労働社会のしくみなどについて想像力を広げていく、といった方法だった（『経済成長がすべてか？』八五〜八六、一三四頁）。

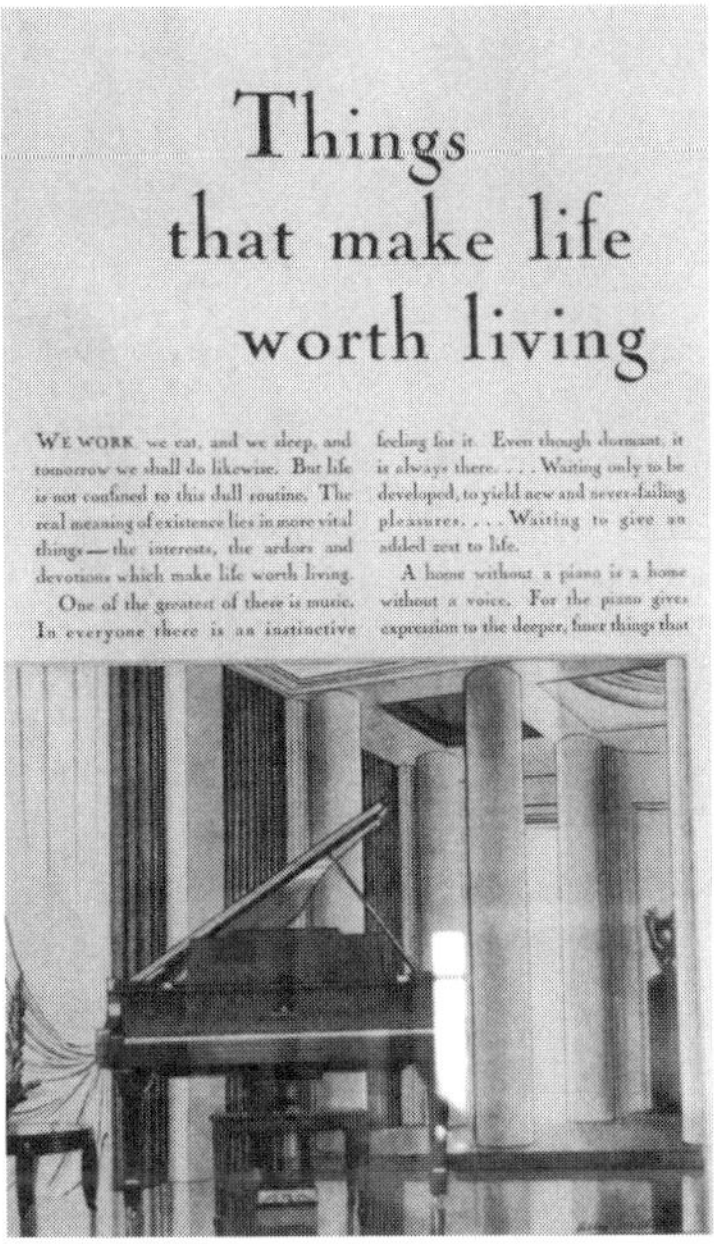

19世紀半ばのスタインウェイ社広告。「不死身のピアノ」としてリストも登場している。

ハーバードで大胆なカリキュラム改革！　音楽学科の誕生も

こうした文化思潮の高まりを受け、ハーバードではいちど下火になったカリキュラム変革運動に転機が訪れる。

一八六九年に学長に就任したチャールズ・ウィリアム・エリオットは、ハーバードを一地方大学から全米を代表する大学へ発展させた人物と目されている。彼の時代に入学生は一〇〇〇名から三〇〇〇名に、教授は四九名から二七八名に、基金は二三〇万ドルから二二五〇万ドルとほぼ一〇倍に増えた（ハーバード大学ホームページ）。なかでも最大の功績は、カリキュラム自由化と大学院増設である。エリオットは、ティクナーが試みて失敗したカリキュラムの自由化を、学内外から多くの反対意見や圧力を受けながらも断行した。二〇世紀を目前にした時代の変化も味方したのかもしれない。彼は自著『教育改革』の「リベラル教育とは何か」の章で、「リベラル教育の定義を見直し、リベラル教育の証である学士号が意味するものを広げていかなくてはならない」と述べている（Charles William Eliot, *Educational Reform: Essays and Addresses*, pp.89–122）。そして学位の年限を七年から一〇年とし、四年がカレッジ（学部に相当）、三〜六年がスクール（大学院に相当）であるのが妥当だとし、人文科学、ビジネス、医歯学の大学院を設立した。

またカリキュラムはより多くの選択肢から選ぶのが望ましいと明言した。ラテン語、ギリシア語、数学を重点的に学ぶ従来の学士号を見直し、当世の社会状況に合った新しい科目を少しずつリベラル教育として認定すべきだと主張したのである。そのうえでエリオットは三つの新興学科を新たに加えるべきだとしている。それは歴史学、政治経済学、自然科学である。自然科学にかんしては、本を暗唱するだけの講義から、実際に事物に触れながら学ぶ実践的な授業が望ましく、それが「観察力と判断力を養い、それによってものごとの現象やその変化、自然が移り変わる過程を観察する習慣を身につけることができる」（*Educational Reform*, p.110）と主張している。青年が言語的・抽象的思考ばかりに偏るのを防ぐと考えたのだ。また、当時全米のほとんどの学校や大学で歴史が教えられていなかった現状をふまえ、エリオットは歴史を学ぶことこそが「真に人間的かつリベラルである」とその重要性を強調している。

それにしても近年、これほどまでカリキュラムの自由が学生に与えられるようになったのは、学生を縛りつけていた中世教育の反動であるかもしれない。その封印を解いたのは、ティクナーから始まりエリオットにいたるまでの半世紀以上にわたるカリキュラム改革なのであった。

音楽学科設立の立役者、ペイン教授がドイツから受け継いだもの

ハーバード大学の音楽学科はエリオットが学長に就任する一四年前、一八五五年に設立された。そして彼の学長就任期間に音楽学科は基盤を固め、発展していく。その立役者となったのは、ジョン・ノウルズ・ペイン教授(一八三九～一九〇六)である。

ペイン教授はメーン州ポートランドの音楽一家に生まれ、小さいころからドイツ人教師から和声法とピアノフォルテ奏法を習い、すぐれたオルガンの弾き手でもあった。青年時代にベルリンへ三年間留学し、アウグスト・ハウプトにオルガンを、フリードリヒ・ヴィルヘルム・ウィプレヒトとテシュネルに作曲を習う。一八六一年に帰国するとすぐにオルガン奏者として頭角を現し、彼の演奏をつうじてボストン、ニュー・イングランド近辺ではバッハやヘンデルなどのオルガン作品が知れわたるようになった。そして帰国翌年一八六二年から早くもハーバード大学の講師として音楽を教え始める。音

楽を正式な学科にすることはハーバード初の試みであり、彼がいなければ大学における音楽の学び方は変わっていたかもしれない。音楽学科創成期はまさに彼の手によって導かれたのである。そしてそれは、すでにドイツの大学で「音楽が芸術科目として」教えられていた、という事実に後押しされたともいえよう。

とはいえそれまでハーバードのキャンパス内に音楽が存在しなかったわけではない。一八〇八年にはピエリアン・ソダリティーという室内楽オーケストラが編成され、また一八一八年には「ピアノフォルテ演奏は〝洗練された教養としてカレッジのオーソリティーに認められていた〟」。しかし、大学内での音楽の地位は依然低かった（*Music at Harvard*, p.159）。ラテン語、ギリシア語、数学、哲学などの既存学科とくらべるとスポンサーも少ない。しかしそんな中でもペイン教授は自らの信念にしたがって講義内容の充実をはかった。一八六三年には楽式論と対位法・フーガの講義を受け持つ。当時の学長トマス・ヒルの幅広い視野と芸術に対する理解、他の講師陣の援護、そしておそらくは大学事務局側の働きかけも奏功し、講義はカリキュラムの中に組まれるようになった。一八六七〜六八年には声楽の演習と通奏低音・対位法の演習も加わった。

この流れは一八六九年にチャールズ・エリオットが学長に就任すると、さらに加速する。彼はカリキュラムの近代化および自由選択化を強く推し進めた。一八七一年には大学当局は音楽を選択科目として正式認定し、一八七〇〜七一年には音楽史の講義が一八回、翌年には二〇回開かれ、授業料も五ドルから六ドルへアップした。専門の声楽家による中世・近代作品の実演もあったようだ。音楽史の授業が一気に増えたのは、ペイン教授の熱意と実力、そしてエリオット学長の承認もあっただろう。音楽の価値を理解し、音楽学科の拡充の意義を認めていた証拠である。一八七一〜七二年には音楽理論（和声、対位法、合唱のフィギュレーションと自由作曲）が選択履修できるようになり、一八七三〜七四年には和声、対位法、フーガに、ソナタ・交響曲形式論が加わり、一八七四〜七五年には音楽史がコースとして加わった。そして一八七五年にペインは正式に専任教授となり、全米初の音楽学科長に就任する（musicdictionary.org）。この時点で音楽学科の学生は一九名まで増えた。さらに一八八〇年代に音楽学科は科目を増やし、一八八三年には「標題音楽――現代の器楽曲形式」という新しいコースが設置された。また一八八一年よりボストン交響楽団が大学内ホールで演奏会を始め、それを受けて一八八八〜八九年には上級生に管弦楽法が教えられるようになった（*Music at Harvard*, p.166）。

音楽学科は少しずつ、しかし着実に体系化されていった。一八九三〜九四年には作曲家または指導者になるべく音楽を専門的に学ぶ生徒と、教養として学ぶ一般学生と、二段階で教えられるようになった。前者には和声法、対位法、作曲法、カノンとフーガ、オーケストレーションを、後者には音楽史と音楽鑑賞を教え、しだいに後者の割合が増えていった（*Music at Harvard*, p.167）。それだけ音楽の学び方が多様化したのである。それはまさに、現在の大学音楽学科の原型である。

音楽学科発展の功労者であるペインの死去にさいし、ハーバード大学『ガゼッタ』紙は下記のように紹介記事を載せている（一九〇六年六月一日付）。

教師としてのキャリアが始まった瞬間から、彼は音楽を学問として正当に評価してもらうという神聖な責務を担い、カレッジの聴衆に最良の音楽に親しんでもらおうと努めた。補講授業としてピアノフォルテのリサイタル・シリーズを何年にもわたって開催し、巨匠の作品をとりあげ、演奏前にはきまって作曲家の人物像や楽曲の重要性などを簡潔に紹介した。リサイタルはボイルストン・ホールのレクチャー・ルームで夜におこなわれ、毎回多くの学生が聴きに集まった。

（“John Knowles Paine”, *The Grove's Dictionary of Music and Musicians*）

この功績は、一七七二年からゲッティンゲン大学音楽科で教鞭をとっていたフォルケルを彷彿とさせる。約一世紀の時を経て、ついにアメリカでも音楽のカリキュラム化が実現したのである。

全米最古の大学で当時もっとも大規模であったハーバード大学が音楽学科を設置したことにより、その後イエール大学、ジョンズ・ホプキンズ大学、スタンフォード大学にも音楽学科がつぎつぎに設立される。一八九〇年設立のシカゴ大学では当初から音楽のカリキュラム化が計画された。

シカゴ大学は石油王として一大財産を築いていたジョン・ロックフェラーにより創立された。ロックフェラーは慈善家でもあり、資金が調《ととの》いしだい、美術館や音楽学校を設立する旨を明らかにしている。

こうして音楽はしだいに正規科目とみなされるようになり、さらには音楽学科や音楽学校が創設され、現在では学位を授与する科目となるにいたったのである。長い歴史の中で、偶然が重なった結果ともいえよう。

音楽を専門的に学ぶ音楽院は、最古でピーボディ音楽院（一八六六年）、ニュー・イングランド音楽院（一八六七年）であるが、両校とも大学とつながりがあり、独立機関であるジュリアード音楽院やカーティス音楽院の創立は二〇世紀に入ってからである。つまりアメリカにおいては、音楽を専門的に学ぶということはここ一〇〇年来の傾向にすぎず、それも多くの教科と並行して音楽が存在するかたちが主流なのである。

現在ハーバード大学では学部生六六〇〇名の約半数、つまり三〇〇〇人以上がなんらかの芸術活動に携わっている。なかでも音楽活動は活発で、キャンパス内では年間約四五〇の学生コンサートがおこなわれている。オペラ、リサイタル、室内楽、合唱、ロック、ジャズ、民族音楽などさまざまだ。演奏水準は高く、なかにはプロフェッショナルの道に進む学生もいる。そして音楽学科設立の最初の布石となったハーバード＝ラドクリフ・オーケストラは、現在単位が取れる正式科目となっている。

第５章

音楽〈で〉学ぶ

——— 21世紀、音楽の知をもっと生かそう

グローバル時代に求められる人間像は？

――ジュニア教育から変化の波が

教養教育はジュニア世代から変化！ 「知識」から「知識を生かす力」へ

二一世紀に入り、すでに一五年が経った。われわれを取り巻く世界の変化は、おそらく従来とはくらべものにならないほどのスピードであろう。その一因は、グローバル化により世界が身近になったことにある。いま、世界のどこで何が起こり、誰が何を考え、どのようなメッセージを発信しているのか――それが一瞬にして把握できる時代になった。環境の劇的な変化は、人々の思考や行動にも少なからず変化をおよぼしている。

そのような世界の中で、いま、そしてこれから求められる「教養」とは何なのだろうか。古代の教養人、中世の教養人、近代の教養人とわれわれは、どう違うのだろうか。そして音楽はその中でどのように位置づけられるのだろうか。


人間の基礎教養教育を考えるうえで、大学以前の初等・中等教育にも注目せざるを得ない。現在アメリカでは、幼稚園から高等学校卒業に相当するＫ―12世代の教育内容が変容しようとしている(「Ｋ―12〔K-through-Twelve〕」とは、幼稚園〔Kindergarten〕から高校卒業までの、無料で教育が受けられる一三年間の教育期間の総称)。

二一世紀社会に必要な教育内容を提言するＮＰＯ「パートナーシップ・フォー・21センチュリー・スキルズ」(www.p21.org)では、二一世紀に求められる必修科目として、国語、外国語、アート、数学、経済、科学、地理、歴史、国家と市民生活の九科目を挙げている。さらに高度な思考力を身につけるために、「グローバル思考力」「経済・金融・ビジネス・起業家リテラシー」「市民リテラシー」「健康リテラシー」「環境リテラシー」の学びを、必修科目に組み入れていくことが必要だと提唱している。いままで学校教育で教えられてきた内容が必ずしも実践的ではないとの反省から、現代社会で求められる能力を再定義したものだ。

この考え方を芸術分野に応用し、実践的なプログラムに落とし込んだものが、「芸術分野における二一世紀スキルマップ（21st Century Skills Map for the Arts）」（二〇一〇）である。社会、英語、数学、科学、地理など、二一世紀教育の中にどのように芸術（ダンス、音楽、演劇、ヴィジュアル・アートなど）を組み込ませていくかを提言している。四年生、八年生（日本の中学二年生に相当）、一二年生（日本の高校三年生に相当）の各学齢において、特定のスキルを高めるにはどの芸術をもちいてどのように学べばいいのかが、具体的に示されている。そして二一世紀に求められるスキルを、コミュニケーション力、問題解決力、協調性、国際理解力、創造力、適応力、イノベーション、情報リテラシー、自活力、などと定義している。

では実例を見てみよう。

「イノベーション」のカリキュラム例として、四年生に演劇、八年生にヴィジュアル・アート、一二年生に音楽がもちいられている。四年生（演劇）は伝統的な民話をいくつか読んだのち、それをまったく異なる文化・歴史的文脈の中に置き換えて表現してみる（書く・演じる・映像に撮る）。なぜそう解釈したのか、なぜその状況設定をしたのか、物語に変化はあったのかなどを皆で話し合う。八年生(ヴィジュアル・アート)は小グループに分かれてアメリカン・コミックをひとつ選び、その結末を変えてアニメーションやソフトウエアで表現する。その結末を導き出した理由、アクションの描き方、状況の変化、原因と結果、新しいエンディングなどを織り込んで表現する。一二年生(音楽)は、ある作曲家の作品を勉強したのち、自分で主題をひとつ作曲し、その作曲家の様式をふまえながら変奏を書いてみる。そのさい、ミュージック・ソフトウエアやシンセサイザーなど、どのような音を使ってもかまわない。譜面はクラスのウェブサイトやブログにも掲載し、他の学生が聴いたり、批評したり、演奏できるようにする。

「イノベーション」というテーマはいっけんむずかしく見えるが、ある文脈がどのような手法でなりたっているのかを学び、それを異なる状況に置き換え、学んだ手法を生かしながら新たな文脈を考えるスキルだと考えるとわかりやすい。それを音楽や絵画などを使って修得していくのである。つまり学んだ知識を異なる状況へと転用するわけだが、それが新たな発見や、イノベーションにつながることがある。

その他、「メディア・リテラシー」では四年生に演劇、八年生に音楽、一二年生にヴィジュアル・アートがもちいられている。八年生の音楽では、商業・政治目的の映像を鑑賞し、それぞれBGMがどのような感情をもたらすのか、消音にするとメッセージの伝達効果に変化は現れるのか、などを検証する。また「社会・国際文化交流スキル」では四年生にヴィジュアル・アート、八年生に音楽、一二年生にダンスがもちいられている。八年生の音楽は、自分の習っている楽器とは異なる文化背景をもつ楽器に持ち替えてアンサンブルをする（たとえばクラシック・ピアノ奏者がジャズを弾く、箏の奏者がギターを弾くなど）。すでに身につけている演奏技術を新しい楽器に応用させたり、新しい環境や文脈の中で求められているものに応じる力を養うのである。その後、プロの音楽家から正しい奏法や文化背景を学ぶ。

このスキルマップをひとつの参考としながら、独自に教育プログラムを開発している学校もある。オハイオ州シンシナティのオークヒルズ高校では、歴史教育やグローバル理解力の授業に音楽やアートを生かしている。たとえば環境問題をテーマに、フランスの高校と共同作業に取り組んだ。世界中のきれいな飲料水について調べたうえで、水質に関連するボードゲームをフランス語で制作したり、オハイオ川の水質調査をしたり、水に関連する音楽の歌詞を分析するといった内容である。これによって自分たちの生活環境だけでなく世界の諸地域にかんする知識も増え、状況改善に向けて行動をお

オークヒルズ高校でおこなわれた「グローバル・アウェアネス・デイ（Global Awareness Day）」（2014年5月20日。写真提供：Oak Hills High School, Cincinnati, Ohio）

こしやすくなる。じっさい、二〇一四年には学生たちは自らファンドレイジングをおこない、P&G社による「安全な飲料水キャンペーン」へ寄付したそうだ。また世界史専攻の学生はあるトピックにかんして、市民とともにギャラリー・ウォークを開催したり、州議会議員との対話や第二次世界大戦におけるユダヤ人虐殺《ぎゃくさつ》生存者とディスカッションする場を設けたりと、まさに自分たちの力で授業を創造した。学校のクラスルームと実際の世界を結びつけたアプローチである。

芸術が先か、スキルが先か——。議論を呼ぶところかもしれないが、音楽が目的ではなく手段であったとしても、それが音楽の本質から外れているわけではない。たとえば「イノベーション」の授業には作曲・編曲と、「メディア・リテラシー」の授業には表象文化学・脳科学・認知心理学と、「社会・国際文化交流スキル」の授業は音楽史・文化人類学と、それぞれ近い考え方が見られる。つまり「音楽で学ぶ」ことは、「音楽を学際的に学ぶ」ことでもある。スキルをひとつの切り口として、音楽をとおして自分や他人や世界とのさまざまなかかわり方を学ぶことである。従来のように、バロックから近現代まで音楽史に沿って学んだり、楽曲を勉強するというカリキュラム内容とは異なるが、音楽には多様な触れ方があっていいだろう。「知識（科目）を学ぶ」から「スキルを高めるために知識（科目）をどう生かすか」への変化は、今後も加速するのではないだろうか。

このNPOは二〇〇二年に創設され、教育省をはじめ、AOLタイム・ワーナー社、アップル社、マイクロソフト社、独SAP社などが設立に協力している。また戦略スタッフには、レゴ・エデュケーション社、ウォルト・ディズニー社、PBS公共放送サービス、アップル社、全米教育ネットワークなどの重役が名を連ねている。二〇一三年一一月にはヴァージニア州でサミットが開催され、教育省、全米校長協会、大学教授、美術館、芸術・教育関連NPO、ユニセフ、国際バカロレアなど、知育産業や教育現場の関係者が出席したことが報告されるなど、官民合わせての大々的な取り組みがうかがえる。この大会ではスタンフォード大学教育学部のリンダ・ダーリング・ハモンド教授が基調講演をおこない、これからの子どもたちには「より少人数で、高度な、深い学び（Fewer, higher, and deeper）」が必要だと語っている。そこで提案されている教育とは、実験や実演を多く取り入れた実践的かつ対話的なものである。ここでも、教養とは「知識」そのものから「知識を応用する力」へとシフトしていることが見てとれる。だから、パフォーマンスをとおして学ぶのである。

音楽と他科目をつなげる――新しい学際的教育プログラム開発

アメリカでは「音楽や芸術の潜在的価値とは何か」という問題提起や、それにもとづく研究調査や政策提言が活発におこなわれている。それは公立学校では音楽や美術などの芸術科目が必修ではなく、授業としてどう取り入れるかが各州や学区の裁量に任されているからだ。実際の授業は絵を描いたり、物を創ったり、音楽を演奏したり、芸術そのものを教える学校もあれば、人間のさまざまなスキルや能力を高めるための手段として芸術を活用している学校もある。後者が増えつつあるのは、前述したとおりである。

では、教育現場では具体的にどのように実践されているのだろうか。音楽を一般科目とともに学ぶ「ミュージカル・アウェイクニング（Musical Awakening）」はその一例である。

国際ピアノ・コンクールで有名なヴァン・クライバーン財団は教育活動にも熱心で、二〇〇一年にこの「ミュージカル・アウェイクニング」のプログラムを立ち上げ、アーティストが地元の小学校をめぐって音楽を届けている（年間一二五校、二～四年生の児童三万四〇〇〇名が対象）。またプログラムの一環として、音楽を一般科目とともに学べるカリキュラムも開発した。プログラム責任者はピアニストでもあるシールズ・コリン・ブレイ氏。アリゾナ州立大学およびテキサス・クリスチャン大学卒業後、フォートワース交響楽団所属のピアニストを務め、ヴァン・クライバーン国際ピアノ・コンクールの審査員長アシスタント兼同財団教育部長を務めている。

「ミュージカル・アウェイクニング」では、小学生を対象に四〇分間のコンサートを開いています。またスタディー・ガイドとして二六のプログラムを用意しており、児童音楽教育専門のジョン・フィエラベンド氏〔ハートフォード大学教授〕とともに、毎年新しいプログラムを三本ずつ書き下ろしています。内容は、ダンス、音楽の形式、即興など、多岐にわたります。

「音楽とユーモア」というテーマもありますね。プログラムは三〇分間で、動いたり、聴いたり、数えたり、考えさせたり、質問を投げかけて生徒との対話を取り入れたりと、インタラクティヴな内容です。

ブレイ氏が語るように、どのプログラムにおいても音楽を軸として、言語・算数・科学・社会学・人文学などを組み合わせたアクティヴィティーが提案されている。たとえば「さまざまな拍子（Many Meters）」というプログラムでは、基礎的な記譜法を学んだのち、算数の考え方を応用して拍子の刻み方や小節の数え方をおぼえ、三拍子や四拍子を身体で体感する。またミドルC（ピアノの鍵盤のまんなかのC）のポジションをゼロととらえ、音程の高さと数字との関連性を知る（「音楽と算数」）。また、音感の似ている言葉はリズム・パターンが似ていることを知ったり、歌を歌いながら言葉に音節がいくつあるのかを数えたり、打楽器やスティックなどを使って複数音節単語のリズムを体感したり、旋律を歌いながらライミング（押韻《おういん》）を学ぶ（「音楽とリテラシー」）。使用楽曲は、ベートーヴェン《エコセーズ》、ブラームス《ワルツ》作品三九の三 嬰ト短調、《ワルツ》作品三九の六 嬰ハ長調、バルトーク《ミクロコスモス》より〈ブルガリアのリズムによる六つの舞曲〉第三番、ムソルグスキー《展覧会の

ヴァン・クライバーン国際ピアノ・コンクール期間中、
街なかには子どもたちがデザインした旗が掲示された。
プログラム副読本も、遊び心いっぱい!

絵》より〈プロムナード〉など、いずれも有名で子どもたちにもなじみやすい曲である。

このような教育法は、けっして一部の学校だけではないようだ。全米各地への普及と政策提言のため、ワシントンDCにある音楽総合施設ケネディ・センターでは音楽の教育効果をまとめたツール・キットを配信し（"Arts Education Advocacy Tool Kit", Kennedy Center Alliance for Arts Education Network, 2009）、その中で、芸術を学ぶ意義と利点について次のような点を挙げている。

・芸術は多様な学び方ができるため、多くの子どもにかかわってもらうことができる。

・芸術をつうじて、あいまいな概念をより明確でわかりやすくとらえることができる。たとえば算数や数学に出てくる「左右対称」「反転」「回転」などの概念は、ダンスや身体を動かすことで実感できる。また人文系科目では、アートと世界の文化を同時に学ぶことで、われわれが住む世界の多様さを理解することができる。

・芸術は生きるために必要な力、たとえば批評力・創造的思考力、問題解決能力、共同作業する力、持続力を養うことができる。

・芸術の体験をつうじて、認知・感情・精神運動をつかさどる神経経路を築くことができる。

・芸術は学校の学習環境を協働と発見の場に変えることができる。

また毎年四月一〇日は「芸術政策提言の日（Arts Advocacy Day）」とし、ワシントンDCでイヴェントがおこなわれる。二〇一三年はチェロ奏者ヨーヨー・マ氏らがアートや音楽の重要性についてスピーチをしている。

「音楽を学ぶ」は、音楽そのものをいかに学ぶかという考え方である。いっぽう、「音楽で学ぶ」とは、音楽をとおして人間や世界をどう学ぶかという考え方である。従来主流だった前者に加え、後者の研究は二一世紀という現代社会の中で音楽を見つめ直し、新しいフレームワークの中で再構築する試みである。それは音楽のもつ文化的資源をより幅広く生かす、ということにほかならない。音楽はそれだけ、社会に多様性や創造性をもたらすものとして期待されているのだ。

大学のリベラル・アーツは変わるのか?

――「科目」の境界線が消え、「方法論」で再編

では、大学教育にはどのように二一世紀型基礎教養の考え方が反映されているだろうか。一例としてスタンフォード大学を挙げたい。

スタンフォードの一年次必修科目は過去にいくどか改善が重ねられてきている。一九二〇年代から三〇年代半ばまで「市民権問題を考える」、一九六〇年半ばまでは「西洋文明史」、一九七〇~八〇年代は「西洋文化」「文化、思想、価値について」、そして一九九六年からは「人文学入門」が一年次全学必修科目とされていた。しかし新入生が習得すべきは人文学のみではなく、本質を問う力や探究心の強化が全学生にとって必要ではないか、との意見をふまえ、二〇一二年にカリキュラム再編がはかられ

た。そこで全学必修課目として、一年次生に「思索の世界（Thinking Matters）」、一～四年次生に「さまざまな思考と実践（Ways of Thinking / Ways of Doing、通称ＷＡＹＳ）」が導入されたのである。

Thinking Matters は正解を答える力ではなく、自ら世界に問いかけ、科学的実証や文学的解釈、社会的分析をおこなったり、他人と協力しながら問題解決をはかる能力などを培《つちか》う。それが高校生と大学生の大きな違いである、と同大は考えている。本質的な質問を考えることが命題であるため、週二回の大教室での講義（各七五分／約四〇～九〇名）のほか、週二回の少人数討論チュートリアル（各五〇分／約一五名）がおこなわれる。講義は教授陣が担当するが、チュートリアルは全米から高倍率で選出された博士研究員がおこなう。またライティング（一一〇分）も課される。テーマは政治、社会、エネルギー、心理、哲学など幅広く、一クォーターごとに異なるテーマが開講される。授業テーマと教材例は次のとおり。

・「人は支配できるのか？」

教材：アレクサンダー・ハミルトン、ジョン・ジェイ、ジェイムズ・マディソン共著『ザ・フェデラリスト』、アレクシ・ド・トクヴィル著『アメリカのデモクラシー』、ロバート・ダール著『合衆国憲法は民主主義的か』、ジェイムズ・フィシュキン著『人々の声』、映画『マジック・タウン』(一九四七)、PBS公共放送サービスの討論型世論調査にかんする特別番組

・「意識する心――意識、記憶、パーソナル・アイデンティティーにかんする哲学と生物学」

教材:コリン・ブレイクモア著『心のメカニズム』、トマス・ネーゲル著『コウモリであるとはどのようなことか』、ルネ・デカルト著『省察II』、ドナルド・グリフィン著『動物の知能』、ヘザー・プリングル著『創造する人類』、キローガ、フリード、コッホ共著『コンセプト細胞』

Thinking Matters 以外にも、教養を養うためのレジデンシャル統合教育プログラム (Residential Integrated Learning Environments、ＩＬＥｓ)がある。これは次の三分野で構成される。

・芸術分野「芸術へのイマージョン」
・人文分野「リベラル教育」
・科学分野「発達する科学──統合学習環境」

この中から「芸術へのイマージョン（Immersion in the Arts: Living in Culture、以下ＩＴＡＬＩＣ）」に注目してみたい。これは二〇一三年に新設されたカテゴリである。実践的なプロジェクトに力を入れており、レクチャーは教授、ティーチング・スタッフ、アーティスト、学者など外部講師も登場する。

実際の授業はこのように進められる。

まず、秋学期は「なぜ芸術なのか?」と題し、芸術が歴史・文化・身体におよぼしてきた影響などを読み解く。講読資料はプラトン『饗宴』、アリストテレス『詩学』、トルストイ『芸術とは何か』、ジョン・デューイ『経験としての芸術』、モーリス・メルロー＝ポンティ『知覚の現象学』など。冬学期は「厳粛《げんしゅく》さと軽妙さ」がテーマで、交響曲やオペラ、バレエ、映画、絵画、マジック、ポピュラー音楽などから、芸術家がいかにパロディーや風刺などをとおして社会問題を世に訴え、大衆を動かしてきたかを学ぶ。講読資料はシェイクスピア『マクベス』、ストラヴィンスキー作曲、ニジンスキー振付《春の祭典》、マルセル・デュシャン作『泉』、ショスタコーヴィチの交響曲第七番《レニングラード》、ベンジャミン・ブリテン《戦争レクイエム》、ヴィンセント・ミネリ監督『時計』、ジョージ・バランシン、スーザン・ソンタグ『キャンプについてのノート』など。春学期は「なぜ芸術でなければならないのか？」がテーマで、芸術がプロパガンダや広報というかたちにとって代わられた場合にどうなるのか、または芸術が既存の価値観や美意識にあらがう場合、何が起こりうるのかを考える。歴史を揺るがした芸術作品の批評をとおして、最前線の芸術のあり方について討議する。講読資料はアイ・ウェイウェイ作品、サミュエル・ベケット戯曲『勝負の終わり』など。

このカリキュラムで音楽を担当するジョナサン・バーガー教授は、オペラなどを精力的に発表している作曲家である。

スタンフォードのような研究大学において、芸術の役割は複合的かつ多面的なものです。音楽学科の学部や修士課程の学生にとって、幅広いコンテクストや学際的なつながりが、音楽を含むすべての芸術の学びを深めてくれます。

また音楽学部に限らず全学部の学生にとって、芸術は不可欠で不可避なものだと考えています。芸術はあいまいさを受け入れ、創造的に考え、問いかけ、また挑戦することを教えてくれます。大学側がそのような機会を提供することが、芸術界の未来のためにも必要です。言ってみれば、われわれが未来の聴衆を創っているのです。

ＩＴＡＬＩＣはまだ実験段階ではありますが、芸術をあらゆる側面から学ぶ機会です。学生にとっては、自分自身の嗜好《しこう》や仮説へのチャレンジでもある。たとえば音楽の進化や脳科学の基礎理論を学びながら、「音楽には〝意図〟があるのか」といった問いかけについて考えます。

コースはまず「なぜ芸術なのか？」で始まり、最後には「なぜ芸術でなければならないのか？」で締めくくります。とくに最後は、さまざまな解釈の余地がある作品を取り上げます。たとえば実験主義的または近代主義的であるがゆえに批判された作品を取り上げ、そのコンテクストを読み解いていきます。また危険思想とみなされた作品、退廃的との烙印《らくいん》を捺《お》された作品、特定の宗教集団によって発禁とされた作品なども扱います。教材はわれわれＩＴＡＬＩＣ教授陣が推薦するものをもちいており、来年はまた違う教材を使う予定です。

セント・ローレンス弦楽四重奏団がクラスに登場。ハイドンの四重奏曲をいくつかもちいて、どのように聴衆の予想を裏切り、驚かせたかを学んだ。(写真提供：スタンフォード大学)

ＩＴＡＬＩＣはすべての芸術分野を含むもので、分析的思考を養ったり（認知、美学、批評、歴史）、西洋文化や巨匠作品だけにとどまらず、異文化の作品も多く扱います。

クラスは週二回のレクチャーと週二回のディスカッションで、クリティカル・シンキング、ライティングのほか、クリエイティヴ・ワークを必ず取り入れているという。そして便利なＩＴツールなどを使わず、自分の頭で考えて創りだすように指導する。またさまざまなゲスト・アーティストを呼び、音楽ではクロノス四重奏団、セント・ローレンス弦楽四重奏団、音楽技術者ゲ・ワンなどがクラスを訪れたそうだ。

サンフランシスコ、ロサンジェルスのスタディー・ツアーの様子（写真提供：スタンフォード大学）

あるていど学びが進んだところで、学外へのスタディー・ツアーも実施している。スタンフォード大学から電車約四〇分のサンフランシスコではバレエを鑑賞。ストラヴィンスキー作曲、ジョージ・バランシン振付《アゴン》、バランシン振付《ブラームス＝シェーンベルク・クヮルテット》、フィリップ・グラスの音楽にジェローム・ロビンズが振り付けた《グラス・ピース》を鑑賞した。この鑑賞ツアーの前後には授業で、音楽や美術表現におけるミニマリズムの概念と、バランシンの作品に現れるアフリカ系アメリカ舞踊の影響について取り上げたそうだ。

またロサンジェルスには二日間滞在。初日はパブリック・アートについて理解を深めるため、広場、インスタレーション（Watts Towers）、壁面絵画（The Great

Wall）、貧困街などをめぐり、二日目はゲッティ美術館やロサンジェルス現代美術館の見学や、ディズニー・ホールでのコンサート鑑賞（モーツァルト歌劇《コジ・ファン・トゥッテ》、グスターボ・ドゥダメル指揮ロサンジェルス交響楽団）。また地元コメディアンとの対話、ロサンジェルス貧困対策プロジェクト主任とのディスカッション、最終日夜にはスタンフォード大学役員の邸宅でパーティーがおこなわれたそうである。このツアーのテーマは「芸術がコミュニティーのアイデンティティーにどう貢献しているか」「芸術家が特定の場で作品を創るにあたって、周囲の建築物や都市政策はどのように影響しているか」などを検証すること。芸術作品の背後にどのようなコンテクストがあるのか、つまりそれはどのような環境や空間にあり、いかに多人種・多文化コミュニティーの歴史と現状を反映しているのかを読み解くのである。

このように、あるテーマに対して、音楽、絵画、映画、舞踊などの芸術作品を複合的に見ることで、人間の心理や社会のあり方がどう芸術に反映されてきたのか、真相に肉迫していく。芸術はときとして、人間愛の表現であったり、体制に対する批判であったり、社会的マイノリティーの無言の訴えであったりする。そして同じテーマでも人の数だけ表現がある。作品の本質を鋭く見つめながら、なぜその作品が生まれたのか、なぜその手法をもちいたのか、どのような社会・時代背景があったのか、芸術が社会からどう影響を受け、芸術が社会にどう影響をおよぼしてきたのか、を大局的に考えるのである。このテーマ設定と講読資料に、芸術の意義を本質的に掘り下げていこうとする方向性が見て取れる。ものごとのとらえ方や思考の掘り下げ方といった方法論を学ぶ点において、一年次には有意義なカリキュラムだと思われる。

いっぽう、四年間かけて履修する「Ways of Thinking / Ways of Doing（ＷＡＹＳ）」は八カテゴリに分かれ、それぞれ一、二科目の履修が義務づけられている。ハーバード大学同様に「方法論」に分類されているのが特徴だ。八課程の内訳と二〇一三～一四年度開講課目数は次のとおり（アルファベット順）。それぞれ数十から数百の開講授業から選択する。

・美学的・解釈的探究（Aesthetic and Interpretive Inquiry。二コース）
・応用数的思考（Applied Quantitative Reasoning）
・創造的表現（Creative Expression）
・ダイヴァーシティーへの取り組み（Engaging Diversity）
・倫理的思考（Ethical Reasoning）

・形式的思考（Formal Reasoning）
・科学的手法と分析（Scientific Method and Analysis。二コース）
・社会調査・探究（Social Inquiry。二コース）

音楽、美術、文学などの芸術科目は、「美学的・解釈的探究」と「創造的表現」カテゴリに含まれる。たとえば「創造的表現」には、楽器演奏（ピアノ、ヴァイオリン、チェロなど）のほか、室内楽、吹奏楽、ラップトップ・オーケストラ、音楽理論、作曲、音楽におけるユーモア、サウンド・アートなどがある。レヴェル設定はクラスによって異なり、たとえばピアノ演習（個人レッスンとグループのマスタークラスが週一回・有料）はオーディションを受ける必要がある。経験、レヴェル問わずに受講できるクラスから、聴音とミュージシャンシップのクラスを同時に履修しなければならないクラスまでさまざまである。

音楽以外にも幅広い芸術科目が選択可能で、「インターネット・アー

スタンフォード大学に新設されたコンサートホール

ト」「アニメーション入門」「携帯電話撮影術」「印刷技術入門」「アートとエレクトロニクス」「ウェブ・携帯・タブレットがいかにビデオ・ジャーナリズムに改革をもたらしたか」「スポーツ・ジャーナリズムのライティングとリポート術」「ジャンルを超えたクリエイティヴ・ライティング（映画・文芸・医療）」「絵画」「彫刻」「現代都市デザインの理論と実践」など、じつに多彩だ。

現代のグローバル社会では、日々新しい生活環境や社会状況が生み出されている。同時に、地球規模で取り組むべき課題も山積している。世界中の才能や技術を結集し、ともに新しい未来像を築くときが来ている。いま求められるのは創造力や多様な視点であり、それを引き出すのが芸術である――。そのような考え方がスタンフォードに深く根を下ろしている。その象徴的存在がカントール芸術センターとコンサート・ホール（八四四席）だ。このホールは「未来のリーダー育成キャンペーン」の一環として二〇一三年に新設されたものである。キャンペーンは二〇〇六年から五年間にわたり、「環境」「国際関係」「健康」「K―12教育」「芸術」五分野において展開された。

芸術はこれから大いに求められる分野なのである。そしてスタンフォードが考える芸術とは、創造的であり、動的なものなのである。

未来世代はどのような音楽環境を迎えるのか？

——三つの変化と挑戦

音楽の集合知化——「知の蓄積」から「知の活用」へ

では、音楽を取り巻く未来はどのようなものになるのだろうか。

さまざまな学術情報がオープンソース化されているのは周知のとおりである。楽譜もパブリックドメイン（著作権が切れている状態）であれば、オンラインで無料入手できる時代だ。大学の所有する学術情報もグローバルに共有されている。そのひとつが、近年広まっている大規模公開オンライン講座

(Massive Open Online Course、MOOC)である。なかでも最大規模の「コーセラ(Coursera)」には、創立者が所属するスタンフォード大学をはじめ、イェール大学、プリンストン大学、シカゴ大学、ニューヨーク近代美術館(MOMA)、世界銀行、ロンドン大学、パリHEC経営大学院、ヘブライ大学、コペンハーゲン・ビジネス・スクール、モスクワ物理工科大学、シンガポール大学、東京大学など、現在全世界一〇八の大学や研究機関が名を連ねている。芸術系ではバークリー音楽学校ほかが参加。カーティス音楽院からは二名の教授が西洋音楽演奏史のオンライン講座を担当している。そのひとりジョナサン・クーパースミス教授(音楽学主任)はペンシルヴェニア大学で音楽理論と作曲を専攻し、マネス音楽大学で指揮の修士号を取得したのち、ピエール・モントゥー指揮学校で学んだ人である。

また「edX(エデックス)」はハーバード大やマサチューセッツ工科大学などの米国内大学をはじめ、チューリヒ工科大学、ミュンヘン工科大学、北京大学、香港大学、ソウル大学、そして二〇一四年より東京大学、京都大学が加わった。芸術系ではバークリー音楽学校が音楽ビジネスの授業をオンライン提供している。

また、全米の修士・博士論文を開示している「プロクエスト(ProQuest Dissertations & Theses)」や、音楽を含むあらゆる学術研究論文が日々公開される「アカデミア・エデュ(Academia.edu)」もある。すべてがオンラインで無料公開されることによる弊害《へいがい》よりも、将来の研究促進を期待しているのだろう。このようなグローバル・レヴェルでの情報共有は、知識が広く世界中に行きわたることで、将来的に新しい叡智が生まれるきっかけになる。

いっぽう、これほど情報共有化が進むと、たんなる知識や情報の蓄積はさほど意味をもたなくなる。大事なのは、それらをどう活用して発信するかということだ。学術情報の入手・管理・研究の先鋒を担っているのは、大学図書館、美術館、博物館などの研究施設である。たとえばコロンビア大学図書館は口述歴史（オーラルヒストリー）の録音が全米屈指の規模を誇り、八〇〇〇を超える各界主要人のインタヴュー録音が所蔵されている。アーカイヴ化と同時に研究も進められており、二〇一一年にはニューヨーク・アポロ・シアターと協同で、ミュージシャン、ダンサー、コメディアン、スカウトマン、元マネージャー、劇場所有者やスタッフなどを対象に、七〇時間におよぶインタヴューをおこなった。アポロ・シアターがいかに若い才能を発掘し、熱狂的な聴衆を集め、新しい文化を生み出してきたかを検証するものである。これはたんなる一劇場の研究だけでなく、アフリカ系米国人の歴史、音楽とパフォーマンスの歴史、ニューヨーク市の歴史研究の一環として位置づけられている。インタヴューはラジオ・プロデューサーとコロンビア大学英文学教授の二名が中心におこない、二二時間の映像にまとめられ、同大の教授と学生のためのオンライン・コース教材として使用されているそうだ（コロンビア大学ニュースサイト）。

こうした学術情報のアーカイヴ化と研究が同時に進められることにより、新たな歴史的事実が浮き彫りになり、より客観的な歴史的評価を受けることになる。それはときに、現代社会への教訓や警鐘というかたちで姿を現すことがある。

同大には稀覯本図書館がある（Rare Book & Manuscript Library, Columbia University）。二〇一三年秋、この図書館にセルゲイ・プロコフィエフの手稿や書簡など所持品のコレクションが多数寄贈された。プロコフィエフが一九一九年から一九三六年にかけて米国・フランス・ドイツで活動していた当時のものである。五〇曲以上の自筆譜や草稿が寄贈され、そのなかには歌劇《三つのオレンジへの恋》《賭博師》《炎の天使》、バレエ《鋼鉄の歩み》、ピアノ協奏曲第二番・三番・四番・五番、交響曲第一番・三番・四番などが含まれるという。また寄贈された往復書簡はセルゲイ・クーセヴィツキーなど指揮者、ヨゼフ・シゲティやパブロ・カザルスなど演奏家、イーゴリ・ストラヴィンスキーやモーリス・ラヴェルなど作曲家、チェス・プレイヤーのホセ・カパブランカなどと交わしたもので、プロコフィエフの幅広い交友関係がうかがい知れる。また故リナ夫人が伝記執筆のために保管していた映像や録音、コンサート・プログラム、刊行誌なども寄贈された。大学図書館への寄贈は、夫人の伯父が元同大教授だったという縁もあるようだが、信頼のおける管理体制のもと大学施設内での研究促進をはかるためでもあろう。ロシア国外におけるプロコフィエフにかんする主要な情報源として、今後研究の進展が期待されている。さらにこの研究が進むことで、プロコフィエフが音楽史に残した業績だけではなく、二〇世紀という混迷をきわめた時代の目撃者かつ表現者の生きざまを知ることにもつながる。

ハーバード大学でもまさに教育現場で知が活用されている。二〇一一年、ハーバード大学ローブ音楽図書館に、指揮者ゲオルク・ショルティが生前所持していた楽譜が多数寄贈された（The Sir Georg Solti Archive at Loeb Music Library）。赤鉛筆で書き込みされた楽譜は研究資料として価値が高く、デジタル化したうえでオンライン公開され、いまは世界中の研究者や演奏家などが閲覧《えつらん》できる。こうした資料を有効活用してくれる場を探していたというショルティ夫人は、「主人は自分の活動を多くの方に知ってもらい、とくに若い音楽家と分かち合うことを望んでいました。いまその願いがかなえられます」と語っている。もちろんハーバード内でも授業で用られたり、学生によるオペラ公演の資料として生かされているようだ。当時学生だったマシュー・オーコワン氏（第1章を参照）は学内フェスティヴァルで歌劇《フィガロの結婚》を指揮するさいにショルティ氏楽譜を参照し、「(ショルティ氏がつねに楽譜から新しい発見を得ていたのを見ると) ワクワクしますね」と語っている (*Harvard Gazette*、二〇一一年一〇月二七日)。こうしたリアルな歴史的資料をとおして、先人の価値観が体験的に受け継がれていく。

いっぽうスタンフォード大学では、音楽音響学にかかわる豊富な資料を収めたマール・コレクション(MARL)を有している。弦楽器の音響 (The Catgut Acoustical Society、CAS)、木管楽器および室内音響 (Benade Archive, Backus Archive, Coltman Archive)、コンピュータ音響技術研究施設 (Center for Computer Research in Music Acoustics、CCRMA) のアーカイヴを統合したものであり、研究論文、画像、記事、デジタル資料、クラリネットのマウスピース、木のサンプル、研究室設備などが所蔵されている。コンピュータ音楽研究施設CCRMAでは毎週のようにイヴェントが開催され、「音楽と脳」「脳のトリック」「脳波を音楽に変換すると脳卒中を防ぐことはできるか」「未来のオーディオ・プロダクション・テクノロジー」「コンピュータとエレクトロニクスは完全に統合された楽器として機能するか」などの学際的テーマが、実演をとおして議論されている。これも情報の所有だけでなく、学術知識と問題意識をリアルな音に変換して世に問いかけている例である。

こうした取り組みが可能になる背景には、スタンフォード大学の実社会・実業界との強いつながりもあるだろう。シリコン・ヴァレーの中心部に位置する同大卒業生のなかにはGoogleやYahoo!、ヒューレットパッカード創業者もおり、卒業生と接点をもちながら、つねにビジネス最前線に迫っていくという意気ごみが感じられる。音楽学科も例外ではなく、たとえばCCRMA初代館長は、ヤマハのシンセサイザー内蔵機器の開発者である。音楽学科も含め、大学と実社会の距離が近い。それは前述した教養科目カリキュラムにも反映されている。

世界はつねに動いている。世界中の学術情報がオンラインで共有される環境の中で、どう過去を学び、現在を読み解いていくか。芸術家や芸術界の人々が残してきた叡智、すなわち作品をつうじて、われわれも感じ、考え、自らの体験に生かすこと。それはたんなる知識の蓄積ではなく、知識の活用であり、その体験知によって未来を創造することが望まれている。急速に拡大した情報ネットワークからどのような研究成果が生まれるのか、今後の動きが注目される。

音楽研究の学際化――「音楽研究」と「音楽による世界探究」へ

音楽の学術情報ネットワークが拡大する一方で、音楽の研究内容はどこまで深化しているだろうか。研究活動の最先端に従事している学者や教授は何を研究し、どのように二一世紀社会とリンクさせているのだろうか。ここで全米音楽学会(The American Musicological Society、AMS)の活動を参照したい(以下 *AMS Newsletter* 二〇一四年二月号を参照)。

同学会は一九三四年に発足したNPOで、大学教授や研究者など三五〇〇名の会員を擁し、世界四〇カ国の法人・教育機関にニューズレターの定期購読者がいる。毎年大会が開催され、さまざまなテーマでミーティングやグループ・ディスカッション、コンサートなどがおこなわれている。

二〇一三年はペンシルヴェニア州ピッツバーグで開催され、全米から音楽学者が集まったほか、国際音楽学協会のディンコ・ファブリス会長とマレナ・クス副会長も出席し、中世から現代まで幅広い研究内容の発表やディスカッションがおこなわれた。

同学会には複数の研究グループが存在し、「冷戦と音楽」「エコクリティシズム(環境批評)」「イベロ＝

アメリカ音楽（イベロ＝アメリカとは両アメリカ大陸のかつてスペインおよびポルトガルの植民地だった国々のこと）」「ユダヤ研究と音楽」「音楽と舞踊」「音楽と障害」「音楽と哲学」「音楽教育」「ポピュラー音楽」が、それぞれ活動状況を報告している。その中で、「冷戦と音楽」研究グループは、「グローバル・サウスにおける国境を超えた出会い――冷戦時代における文化外交の新考察」と題したセッションを実施、アフリカ・中南米・アジア諸国での音楽文化交流について話し合った。ロシアとハンガリーから学者が招聘され、冷戦下での音楽学界の活動が紹介されたそうである。また「音楽と哲学」研究グループは研究論文募集を告知。音楽学、音楽理論、民族音楽学、哲学、映画学、メディア学、文学、芸術史、心理学、パフォーマンス・スタディーまで、幅広い関連分野からの応募をうながした。いずれのグループも現実世界と直結した研究内容であり、音楽をとおして世界をどう見ているのかがよくわかる。

同学会では、会員の活動状況や研究成果がスムーズに共有されるよう、情報公開が徹底している。オンラインで読めるニューズレターには会長挨拶や年次会報告に加え、昨今の問題提起（非常勤教授が増えて音楽学卒業生の就職が安定しないことなど）、優秀論文の顕彰《けんしょう》、論文の募集と助成、さらに各州分科会の会合でどの論文が読まれたのかという講読記録も詳細に掲載されており、研究活動が常時更新されるよう配慮されている。

たとえば「エコクリティシズム研究グループ」では定期的にジャーナルを発行し、オンライン公開している。全米音楽学者協会年次大会の報告と予告のほか、複数の論文も寄稿されている。二〇一四年四月号には作曲家ネイサン・キュリエ氏の論文「人新世におけるクラシック音楽（Classical Music in the Anthropocene）」が掲載された（「人新世〔Anthropocene〕」とは、人類の活動が地球環境に大きな影響をあたえ始めた一八世紀末からの地質年代をいう）。氏によれば、一九世紀半ばにダーウィンが『種の起源』を発表したころに「エコロジー」の概念が生まれ、それを音楽と結びつけたのがグスタフ・マーラーであった。交響曲第三番にその思想が顕著に反映されている。二〇世紀半ばになると、人間を含む生態系すべては地球全体と相互に関連し合っているとする「ガイア理論」が提唱され、さらに二〇世紀後半には、文学、社会学、哲学的、政治視点からも環境問題を議論していく「エコクリティシズム（環境批評）」の思潮が生まれた。現在の環境音楽学（ecomusicology）とは、このエコクリティシズムと音楽を組み合わせたものである、というのが氏の主張である。キュリエ氏は変わりゆく地球環境に警鐘を鳴らすべく《ガイア変奏曲（Gaian Variations）》を作曲し、現在そのスコアがロンドン科学博物館に展示されている。また元合衆国副大統領アル・ゴア氏による「気候変動プロジェクト」にも参画するなど、音楽と科学の分野をまたいだ活動を続けている。

では、学術研究の成果はどのように一般市民に伝わっていくのだろうか。学会での発表、大学など教育施設での講義、学会誌や月刊誌など定期刊行物への掲載、コンサート・プログラム寄稿などがあるが、実演の場ではどうか。最近の例では、ハーバード大教授のキャロル・オジャ女史〈歴史的音楽学〉がニューヨーク・フィルハーモニックのアーカイヴ研究レジデンスを務め、一般聴衆を対象にしたシリーズ講座「Insights Series」を開いた。テーマは「レナード・バーンスタインの登場――第二次世界大戦下における人種政治学への飽くなき挑戦」。同楽団が所有するアーカイヴを研究し、バーンスタインの華々しいニューヨーク・フィル・デビューや、彼のライフワークのひとつでもあった人種差別撤廃活動についてとりあげた。まさにこれも、音楽や音楽家の観点から世界を読み解く内容である。ちなみにこの職はバーンスタイン・スカラー・イン・レジデンス（Bernstein Scholar in Residence）と呼ばれ、バーンスタイン没後一五周年を記念して二〇〇五年に創設された。

また現在ニューヨーク・フィルハーモニック・デジタル・アーカイヴはFacebookをつうじて、研究と実演を一体化させた活動をしている（https://www.facebook.com/NYPhilArchive）。たとえば、こんな具合に――。

・プロコフィエフの交響曲が演奏される週は、「ニューヨーク・フィルではこれまでプロコフィエフの作品を一〇〇〇回以上演奏していますが、彼自身がソリストとして協奏曲三番を五回も演奏していたのを知っていますか?」というメッセージとともに、チェスに興じる作曲家の写真を掲載。
・ストラヴィンスキーの《春の祭典》が演奏される週は、「ニューヨークにも春が来ました! でも死ぬほど踊り狂う必要はありませんよ。ストラヴィンスキーは《春の祭典》で「春がもたらす神秘と突き上げるような創造力」を表現しました。この曲はたいへん多くの技術を各奏者に要求していますが、ニューヨーク・フィルは一三九回もの公演をみごとにこなしてきました。各楽器がどのように演奏されているのか、その魔法の鍵を解くには、デジタル・アーカイヴでパート譜をご覧ください」。

まさに「知」が生き生きと活用されている好例だ。デジタル・アーカイヴを担当するバーバラ・ホーズ女史はアーキヴィスト兼歴史学者であり、一八四二年から始まるニューヨーク・フィルの全コレクション(公文書、楽譜、プログラムなど)を管理し、全世界での研究を促進している。

一般聴衆とのつながり——学際的に音楽を学ぶ

ボストン近郊で毎夏開催されるタングルウッド音楽祭。ボストン交響楽団の夏のステージであり、セルゲイ・クーセヴィツキーをはじめ、シャルル・ミュンシュ、レナード・バーンスタイン、小澤征爾などが音楽監督を務め、数多くの著名アーティストがこのステージを飾ってきた。

この音楽祭で近年、大人の聴衆を対象とした「一日大学講座 in タングルウッド」が企画されている。一日で三つのレクチャーとコンサートを楽しむ大学出張講座で人気を呼んでいる。二〇一二年度のテーマは「ベートーヴェン、ビートルズ、ルーズヴェルト大統領、そしてあなたの脳（Beethoven, Beatles, FDR, and Your Brain）」。歴史、心理、経済、文学などをまじえたテーマで学際的に音楽を学び、最後にベートーヴェンの交響曲第九番を聴きましょう、という趣向だ。プログラムは次のとおり。意外な視点から音楽を学ぶことによって、新たな世界観が得られよう。

タングルウッド音楽祭

ベートーヴェン、ビートルズ、ルーズヴェルト大統領、そしてあなたの脳

(1)ルーズヴェルト大統領と第二次世界大戦までの歩み――「われわれはそのとき何を知らなかったのか」についてわれわれが知っていること（リチャード・パイアス講師／コロンビア大学政治科学科）
(2)鍵はどこにある？　記憶力はどのように機能しているか（ジョン・スタイン教授／ブラウン大学神経科学科）
(3)ビートルズとベートーヴェン――そのつながりを聴く（マイケル・アレック・ローズ准教授／ヴァンダービルト大学音楽学部作曲科）
(4)ハービソン：委嘱作品、ベートーヴェン：交響曲第九番（ボストン交響楽団、ラファエル・フリューベック・デ・ブルゴス指揮）

音楽の社会発信化——「継承」から「創造的発信」へ

先人の研究業績が広く公開されているいま、それをふまえていっそう進化した学術研究が求められている。間口が広くなると同時に、頂上は高くなっている。整備された学術環境の中から、いかに新たな価値やニーズが引き出されていくのか。それには知識をそのまま継承するだけでなく、知識を社会的価値に変えるスキルが必要である。そこでアメリカでは起業家精神（アントレプレナーシップ）の育成に力を入れている。ビジネス・モデルを生み出さないまでも、社会に価値を提案するという意識は、芸術に携わる人々にとって望まれる資質だろう。

○ ペンシルヴェニア大学／アントレプレナーシップ・プログラム

ペンシルヴェニア大学では二〇一二年に夏季プログラムとして「アーツ・アントレプレナーシップ養成コース」が初開講された。フィラデルフィア市内芸術センターや美術館などと組み、クリエイティヴな問題解決策や新しいビジネス・プランを考える機会を提案している。

ペンシルヴェニア大学夏期プログラム「アーツ・アントレプレナーシップ養成コース」の様子。

このコースの目的は、音楽家としての能力をどう生かして社会に最大限の価値を生み出せるかを、創造的に考えることである。開講期間は一二週間（毎週火曜日三時間×一二週）で、コース内容は(1)コンサルティング・ワークと(2)個人プロジェクトで構成される。(1)はフィラデルフィア市内の芸術関連機関と連携し、問題に対する創造的な解決方法を編み出していく。(2)は、ビジネス計画やキャリアプランを考案することを想定している。

最近はアメリカでは「リーダーシップ育成」より「アントレプレナーシップ育成」が増えているようだが、この言葉の定義について、同講座を担当するマイケル・ケトナー氏は次のように述べている。

アントレプレナーシップとは創造的に考えること。アイディアを生み出し、それを社会や世界に創造的に伝えること、またはそのスキルをさします。いっぽうリーダーシップとは、そのアイディアを実行して事をなしとげること。学生には両方の経験を積ませたいと思います。いま多くの教育機関では「音楽業界はこうである。だからその中で生き延びるためにこうしましょう」と教えていますが、私は必ずしもいまの状態を想定する必要はないと思っています。音楽家として生計を立てていかなくてはならないという考えに固執しすぎると、「自分がこの楽器を弾いていることが誰のためになるのか」という考えが欠落してしまう可能性があります。音楽を演奏するだけでなく、その音楽で何ができるかを考えることが大事です。リベラル・アーツ教育をとおして、複数の分野から新しい可能性をみいだしていくことができるのではと考えています。

こうしたリベラル・アーツの考え方をふまえ、人文科学部は音楽学科への支援を惜しまないそうだ。

○ スタンフォード大学／SPARK！

起業家精神といえばやはりスタンフォード大学だろうか。Google、Yahoo!、eBay、LinkedIn、ヒューレットパッカードなど世界的企業の創業者を数多く輩出しており、彼らの起業家精神は大学時代に培われたといっても過言ではない。現在キャンパス全体で五千を超える学外スポンサーによるプロジェクトが進行し、向こう一〇年間（二〇一一～二一年度）の予算は合計一二億ドルに達する見込みである。昨年一年間だけでも学部生の研究活動に与えられた助成金・奨学金は四〇〇万ドルを計上したそうだ。また技術系の特許収入は二〇一〇～一一年度で六六八〇万ドルを超え、新たに一〇一の特許が申請された。こうした数字だけでも、キャンパス全体の士気の高さがうかがえる。

芸術関連助成金をマネジメントするSICA（The Stanford Institute for Creativity and the Arts）という機関もある。これまでに同大の芸術創造活動促進のため二・七万ドルを募り、うち〇・八八ドルは新規の研究と世界水準のプログラム支援にあてられている。

そのSICAが提供する助成プログラムの中で、近年創設されたのが「SPARK！」である。キャンパス内のパブリック・スペースを生かした芸術創造活動を支援するため、卒業生二名が出資した。

専攻学部にかかわらず誰でも応募でき、建築、デザイン、科学、テクノロジー、文学、映画、ビデオ、ヴィジュアル・アート、音楽、ダンス、演劇、インターメディアなど、創造にかかわるものであればなんでもよい。一学期に一五名まで選出され、最大一五〇〇ドルが助成される。過去の助成作品には、映画学生が自ら人魚に扮して海洋生態系の崩壊を表現したり、デザイン科生が手品をもちいてデザインの意義をひもといたり(「デザインとは形だけでなく、手品のように既存の世界に新しい視点をもたらすことである」)、医学部生数名がダンス・パフォーマンスやアート・ワークをつうじて精神的治癒《ちゆ》や自己回復をはかる、といったプロジェクトがある。自分の専攻分野の特性を生かしながら、創造的な手法で社会へ発信している。

○ 音楽をとおしてグローバルな問題に向き合う

エネルギー、環境など世界の諸問題に強い関心とかかわりをもつマサチューセッツ工科大学では、音楽をソフト・パワーとして生かしている。

二〇一二年三月には「アラブの春」というテーマでフォーラム&コンサートがおこなわれた。企画し

MIT 音楽学科のフレデリック・ハリス教授。アラブの春をテーマにした曲を委嘱し、コンサートとフォーラムを開いた。ハリス教授が率いるMIT吹奏楽団は正式科目として単位換算され、授業は毎週2時間半×2回で6単位に相当する。2001年以来20名の作曲家に新曲を委嘱、CD2枚をリリースした実績がある。

たのは音楽学科のフレデリック・ハリス教授。二〇一〇年から続くアラブ諸国の民主化運動について、「アラブでいままさに起きていることが何を意味するのか。歴史の中でどうとらえられるのか。それを学生たちに考えてほしかった」との願いからこのイヴェントを提案し、作曲家ジャムシード・シャリフィ氏にアラブをテーマにした曲を委嘱した。シャリフィ氏はイラン人の父、アメリカ人の母のあいだに生まれ、MIT卒業生でもある。委嘱作品はアラブ独特の響きを取り入れた《Awakening: Evoking the Arab Spring through Music》という題で、MIT吹奏楽団によって初演がおこなわれた。

アラブ・中東諸国を含む全世界からの留学生を抱えるMITでは、さまざまな命題を追究する手段として、科学だけでなく、音楽や芸術も重要な役割を担っている。つまり音楽がアラブという対象に歩み寄り、理解を深める役割をはたしたのだ。シャリフィ氏は「音楽と科学が共存すること、ともに教えられることは重要だと思っています。MITの充実した芸術科目は、ひとつの完全なる人格、そして世界とつながることができる人間を生み出すのに大きな役割をはたしています」と語っている。

二〇一四年現在、アラブ諸国の状況はまた大きく変わった。しかし、刻々と変化する世界情勢に対して関心をもち続けること、音楽は異文化理解の一助となること、その信念が揺らぐことはない。

○　音楽劇をとおして環境意識を高める

近年アメリカでは、教育、環境、健康などの社会問題と音楽を結びつけ、楽しみながら学ぶプログラムが増えている。なかでも「地球の歌（Song of the Earth）」は、音楽と環境を組み合わせたプログラムとユーモアたっぷりなナレーションが各地で人気を呼んでいる。ナレーターは白い髭《ひげ》がトレードマークの〝地球学者の教授〟。地球学者（Earthropologist）とは、人類学者（Anthropologist）をもじった造語だ。彼は自然の美しさや生物の神秘に触れ、どうしたら地球上のあらゆるハーモニーを保ちながら生

「地球学者」に扮するフランク・オデン氏

きればよいのかを問いかける。音楽はR・シュトラウス《ツァラトゥストラはこう語った》、ストラヴィンスキー《火の鳥》より〈魔王カスチェイの凶悪な踊り〉、グリーグ《ペール・ギュント》より〈朝〉、ワーグナー《さまよえるオランダ人》より〈序曲〉、同じくワーグナー《ニュルンベルクのマイスタージンガー》より〈前奏曲〉、グリンカ《ルスランとリュドミラ》、シベリウス《フィンランディア》、ベートーヴェン《エグモント序曲》など壮大な曲が並び、それぞれ地球、大気圏、水圏、生物圏、動物の生態系、環境汚染の解説に続けて演奏される。

このプログラムをプロデュースしたのは、俳優兼劇作家フランク・オデン氏と環境科学ライターのゲイル・シクリー氏（www.frankoden.com）。ふたりは科学と芸術を組み合わせた教育プログラムやコミュニティーへのアウトリーチを手掛けており、とくに地球環境や環境保護にかんするテーマが多いそうだ。「教育とエンタテインメントを兼ねるには、音楽がいちばんだと思っています」とシクリーさんは語る。

○ 音楽をしながら英語を学び、被災地の子どもたちを元気に

カリフォルニアの大学で音楽療法を学び、アメリカ音楽療法学会認定の資格を取得したのち、ロサンジェルス市郊外の精神病院で働く狩野多美子さんは、ある日テレビで変わり果てた故郷の姿を見た。二〇一一年三月一一日——東日本大震災が起きた日である。故郷のために何かをしたい、遠く離れた自分に何ができるのか……いてもたってもいられずすぐに行動を起こした。

近所に住むライターに話をまとめてもらい、弁護士に相談、震災から二週間後には非営利団体「リーチ・アウト・トゥ・ジャパン（Reach Out to Japan）」を立ち上げた（慈善団体を表す501(c)(3)を取得。501(c)(3)は寄付税制上の優遇措置などの対象となる非営利公益法人である）。そしてロサンジェルス市内で寄付金を募るコンサートを開いて活動資金を得、故郷の福島県相馬市で被災した子どもたちと接するようになった。仮設住宅に入る前の体育館から始まり、年三回帰国するたびに小学校を何校か訪問するようになる。音楽療法士という立場よりも、子どもたちの心に寄り添いながら一緒にトラウマの経験から立ち直っていくという、同じ目線に立った活動だった。

一年目はリクエストをいただいて〔友人の歌手う〜みさんの〕歌を聴いてもらうことから始め、二年目からは子どもたちにも楽器を弾いてもらい、一緒に音楽を創っていくかたちに移行していきました。音楽をしている時間は思いきり自由に、「ここではどんな音、どんなリズムでもいいんだよ」と、なにも制限をかけない空間を創るようにしています。本来なら遊びながらものごとをおぼえていく時期なのに、自由に外で遊べない状況があるので、せめてストレス・レヴェルを軽減しながら、「まちがってもいいよ」という場を作りたい。それは心のケアでは必須なんです。

子どもたちが少しでも心を開放できる場になればと狩野さんは考えている。

そしてその活動は今年から、一般社団法人「笑顔のなる木」というかたちでより広がる。

福島の子どもたちが大人になったときに、福島県民であることを誇れるようになってほしい、夢をもって育ってほしい、という願いをこめて名づけました。音楽療法というよりも、音楽を使って学ぶというかたちでやさしく入っていければと思います。音楽と英語、音楽とアカデミック・スキルを組み合わせたプログラムで、音楽を楽しみながら自然に語学を学んでもらえたらいいですね（「未来を育てる音学セラピー・プログラム」）。

音楽にはメロディーやリズムがあり、言葉だけよりもおぼえやすいんです。たとえば言語障碍者へのイントネーションのセラピーで、言葉を発するときにリズムを叩きながらおこなう方法があります。その方法ですと、歌いながら英語が学べて、発音もしやすく、忘れにくいのです。最初は遊んでいるようにしかみえませんが、「Hello」「Hello」から始めて少しずつ慣れていき、「英語で歌えた！」という小さな「できる！」を積み重ねていくと、英語に対する抵抗もなくなり、言葉を発することに恥ずかしさがなくなります。

授業というより、会話のように進めていきます。「どんなふうに弾きたい？」という選択肢を与えて、選んでもらうことで即興的に音楽が生まれ、能動的な姿勢が身についていくんです。保護者や先生方に理解してもらうことも大事なので、そこを努めてコミュニティーに広げていきたいです。

現在、音楽・英語の専門家たちと、心のケアをする専門家（渡邊純夫東北福祉大学臨床心理学部教

狩野さん（前列左から２人目）は母校の小学校や幼稚園も訪問し、活動を始めている。メロディーがない打楽器を使い、子どもたちにのびのび好きなように叩いてもらうなど、遊びの中から学んでいく。こちらは親子で楽器創りを体験する音楽会（2015年３月、福島市内）。森林環境教育を展開している「カホンプロジェクト」協力のもと、ペルーの打楽器カホンを創った。音楽を通じて心身ともに健康になり、さらに環境を学びながら、音楽と共存する地域を創ることをめざす〝音学セラピー・プログラム〟の一環である。

授）の協力を得て、チームで取り組んでいる。渡邊教授は体育館での避難生活をしていた当時からずっと狩野さんの活動を見守り、今回の団体立ち上げを薦めてくれた方でもある。「このノウハウを広げて、地元の中で雇用も増やしていきたいです。避難させられた、家が流された、〜されたという気持ちから、能動的な活動を作ることで〝自分たちもできる〟というポジティヴな意識に変えていきたいです」と狩野さんは語る。

彼女は、このプログラムがどのような効果をもたらすのか、というリサーチも同時に進めている。それは子どもたちをもっと知りたいという気持ちと、客観的なデータや結果を提示できてこそ、日米の支援者やスポンサーに理解してもらえるという責任感からだ。リサーチ方法やアセスメント（評価指標）にかんしては、ニューヨーク在住の音楽療法士である友人が担当している。

また狩野さんは、被災地復興プロセスでひとつの現実を見た。それは被災者の精神的ケアをほどこす音楽療法士自身が、心身のストレスを抱えてきている現状だ。じつは狩野さんは精神病院で働きながら大学院修士課程に在籍しているが、以前は別の修士論文テーマを考えていた。しかしこの切実な課題と向き合うために、テーマを「日本の音楽療法士の精神ケア」に切り替えた。このテーマにも精力的に取り組んでいくそうだ。笑顔が、音楽が、ひとりでも多くの人に届くように……！

○ 未来を創る若きリーダー！　ハーバード現役生から日本の子どもたちへ

現在ハーバード大学三年生の廣津留《ひろつる》すみれさんは、音楽を専攻、グローバル・ヘルスを副専攻として学びながら、二つのアンサンブル・グループの部長とハーバード＝ラドクリフ・オーケストラのコンサートマスターも務めている。世界的アーティスト（ヨーヨー・マなど）と共演したり、課外活動としてオペラのプロデューサー経験なども積んでいるそうだ。そのリーダーシップを生かして、毎夏、地元大分県で"Summer In JAPAN"というセミナーを開講し、日米の架け橋としても活躍している。

Summer in JAPANは、多様なバックグラウンドをもつ学生が集まっているハーバード大学で得たものを、日本の子どもたちに還元したいという思いで、英語教室を経営する母と共同設立しました。ハーバード大生から直接授業を受けることで学生生活の様子や彼らが学ぶ動機を知り、また英語のスキル、クリティカル・シンキング、IT、コミュニケーション術を学んでもらいます。米国側ではおもに日本に来るハーバード大生たちの募集やリーダー役を、日本では運営やコンサートの音楽監督を務めています。

三年目となる今年は、一〇〇名以上の学生から応募があったそうだ(筆記テスト二種類と最終面接で決定)。ハーバード大生の六五パーセントが楽器を弾けるので、学業も演奏もできる人材が自然に集まるという。セミナー期間中には国際交流コンサートも開催され、大好評を博している。

机上の勉強だけではなく、スポーツや音楽など自分を表現できる課外活動の魅力を伝えるのが目的です。多才なハーバード大生が音楽をプロ・レヴェルで演奏している姿を見せることによって、生徒のみなさんが、勉強だけでなく部活や習い事にも打ち込もう、社会のいろいろな人に会って交流してみよう、と思うモチベーションになればと願っています。受講生からの反響も大きく、私も音楽をもっとがんばろうと思った、などの感想をいただくとたいへんうれしくなります。

廣津留すみれさん（左端）とハーバードの仲間たち。廣津留さんは2009年のIBLAグランド・プライズ国際音楽コンクール（イタリア）でグランプリを受賞し、その褒賞ツアーでアメリカを訪れたさい、ハーバード大学を見学し魅了された。まさに音楽がつないだ縁である。

将来は音楽を通して社会貢献することが目標、という廣津留さん。すでに日米両国をつなぎながら、未来世代を育てはじめている。

おわりに ―― 音楽の豊かなポテンシャルをみいだして

アメリカの大学にはなぜ音楽学科があるのか。

現在学ばれているクラシック音楽の起源は西欧にあり、アメリカは後からそれを取り入れた。その立場でいえば、日本やアジア諸国も同じである。西欧人の祖先をもつアメリカ人と、まったく同じ条件とはいえないが。

それでも、アメリカの大学には当然のように音楽科目が存在していたわけではない。カリキュラムの中に、あとから音楽を加えたのだ。それはドイツへ留学したある学生の先見性と努力の成果であり、カリキュラムの近代化に挑む大学学長の決断でもあった。その流れはハーバード大学から始まり、初の音楽学科創設から一世紀半経ったいま、ほとんどの大学に音楽学科が存在するようになり、音楽専攻の学生だけでなく、全学部生を対象とした基礎教養としても学ばれている。さらには知識としてだけではなく、それを生かす力、すなわち知力を鍛えるためのツールとしても。

人間のさまざまな精神を宿した音楽は、長い歴史の中で、人から人へ伝えられてきた。そして二〇世紀には楽譜や録音機器という記録媒体が生まれ、二一世紀にはそれらを瞬時に広めるソーシャル・ネットワークが生まれ、いつでも誰でも過去の叡智から学べるようになった。その反面、過去の創造物がいとも簡単に複製されてゆく過程で、精神性が薄れ、音楽が音符の羅列として形骸化してしまうこともある。前者は大衆総学習時代の副産物ともいえるし、後者は大量消費時代の副作用ともいえる。どちらもとらえ方しだいだ。

「音楽は基礎教養である」という仮説は、音楽の何が教養なのか、もういちど考えるきっかけを与えてくれるように思う。音楽が教養となったのは、古代ギリシア時代にさかのぼる。古代ギリシアでは娯楽だけでなく、社会生活、道徳教育、言語習得、弁論、政治、演劇、戦時、宗教行事など、すべての局面において音楽が必要とされていた。その後はかたちを変え、音楽理論に集約されて中世の大学の教養科目となった。「音楽は教養」とひとことで言っても、その中身は時代によって大きく異なる。
そして現在、音楽を音楽として学ぶ文化が定着している。そのいっぽうで、音楽はこの先どのように発展するのだろうかという問いかけも芽生えてきた。「音楽は社会にどのような影響を与えられるのか」「音楽家は社会にどう貢献していくべきか」という新たな問題提起である。音楽を純粋に楽しむ、あるいは音楽を伝統として学び、伝えるという根幹にある価値を大事にすると同時に、いまの社会へ訴求するために。

接点はきっと創っていける。たとえば音楽と社会、音楽と言語、音楽と歴史、音楽と数学、あるいは音楽を文化理解に、音楽を能力開発に、音楽を創造力の育成に、音楽を環境意識の喚起に、音楽を社会問題解決に生かすこと。それも音楽の潜在的価値を掘り起こしていくことになる。

アメリカの大学を例にとったのは、このような音楽を取り巻くコンテクストが数多くみいだされ、社会に還元しようとの試みがなされているからである。小著が音楽が潜在的にもつ可能性、音楽の未来を考えるうえで少しでも手がかりになればさいわいである。多くのテーマを詰め込んだので、ひとつひとつのテーマに対しては、今後機会があれば掘り下げていきたい。

最後に、本書執筆にあたって取材協力、取材先のご紹介、情報提供などにご協力いただいたすべての方々に、厚く御礼申し上げます。また本書のもとになった記事「アメリカの大学にはなぜ音楽学科があるのか」(二〇一二)の取材にあたり、テーマの示唆と取材機会を与えてくださった全日本ピアノ指導者協会の福田成康専務理事、そして出版の機会を与えてくださったアルテスパブリッシング代表取締役の木村元さんに心より感謝申し上げます。

西原稔『ピアノ大陸ヨーロッパ——19世紀・市民音楽とクラシックの誕生』(アルテスパブリッシング、2010)
潮木守一『アメリカの大学』(講談社、1993)
北川智子『ハーバード白熱日本史教室』(新潮社、2012)
Walter Raymond Spalding, *Music at Harvard: A Historical Review of Men and Events*, Coward-McCann Inc, 1935
musicologie.org
Vincent Duckles, *Johann Nicolaus Forkel: The Beginning of Music Historiography*, Eighteenth-Century Studies Vol.1, The Johns Hopkins University Press, 1968
Encyclopedia Britannica (www.britannica.com/)
Franz Gehring, "Johann Nikolaus Forkel", in *Grove's Dictionary of Music and Musicians*
アメリカ大使館公式ホームページ (http://japanese.japan.usembassy.gov/)
Ingo Schwarz, *Transatlantic Communication in the 19th Century: Aspects of the Correspondence Between Alexander von Humboldt and George Ticknor*, 2004
Charles William Eliot, "Educational Reform: Essays and Addresses", New York The Century Co.,1898
Charles W. Eliot, "What is A Liberal Education? The "Century", 1884
musicdictionary.org
The Grove Dictionary of Music & Musicians,

第5章

21世紀スキル教育ホームページ (http://www.p21.org/)
ヴァン・クライバーン財団ホームページ (http://www.cliburn.org/)
アメリカ音楽学会ホームページ (http://www.ams-net.org/)
"Arts Education Advocacy Tool Kit", Kennedy Center Alliance For Arts Education Network, 2009
ProQuest® Dissertations & Theses (http://www.proquest.com/)
Currier Nathan, "Classical Music in the Anthropocene", *Ecomusicology Newsletter*, 2014

プラトン『饗宴』(久保勉訳、岩波書店、2008)
アリストテレス『詩学』(松本仁助・岡道男訳、岩波書店、1997)
アリストクセノス／プトレマイオス『古代音楽論集』(山本建郎訳、京都大学学術出版会、2008)
マルクス・ファビウス・クインティリアヌス『弁論家の教育1』(森谷宇一・戸高和弘・渡辺浩司・伊達立晶訳、京都大学学術出版会、2005)
伊藤邦武『物語　哲学の歴史』(中央公論新社、2012)
塩野七生『ローマ人の物語』(新潮社、2002-)
金澤正剛『中世音楽の精神史』(講談社、1998／河出文庫、2015)
David Whitwell, *Essays on the Origins of Western Music*, No.88 “Boethius on Music” (www.whitwellessays.com)
Chris Schlecht, “The Seminal Works of Medieval Education” (www.accsedu.org/filerequest/3636.pdf)
津上英輔『ボエーティウス『『音楽教程』』における musica の概念』(『美學美術史論集』第12巻、1999)
塩野七生『ルネサンスとは何であったのか』(新潮社、2008)
聖ベネディクト会ホームページ (http://www.osb.org/)
ハスキンズ、チャールズ・ホーマー『大学の起源』(青木靖三・三浦常司訳、八坂書房、2009)
ケンブリッジ大学公式ホームページ (http://www.cam.ac.uk/)
皆川達夫『中世・ルネサンスの音楽』(講談社、2009)
濱崎雅孝『ルネサンス、宗教改革、啓蒙主義時代における人間論とキリスト教』(未刊行、2004)
佐藤優『宗教改革の物語――近代、民族、国家の起源』(角川書店、2014)
岡崎勝世『科学 vs. キリスト教—世界史の転換』(講談社現代新書、2013)
別府昭郎『近代大学としてのゲッティンゲン』(広島大学論集、2005)
J.N. フォルケル著『バッハの生涯と芸術』(柴田治三郎訳、岩波文庫、1988)
礒山雅、久保田慶一、佐藤真一編著『教養としてのバッハ――生涯・時代・音楽を学ぶ14講』(アルテスパブリッシング、2012)
久保田慶一『音楽とキャリア論集』
ベルトルト・リッツマン編『クララ・シューマン　ヨハネス・ブラームス――友情の書簡』(原田光子訳、みすず書房、2013)
フリードリヒ・ニーチェ『悲劇の誕生』(塩屋竹男訳、筑摩書房、1993)

引用・参考文献

第1章

ハーバード大学ホームページ(http://www.harvard.edu/)
スタンフォード大学ホームページ(http://www.stanford.edu/)
マサチューセッツ工科大学ホームページ(http://web.mit.edu/)
ニューヨーク大学ホームページ(http://www.nyu.edu/)
コロンビア大学ホームページ(http://www.columbia.edu/)

第2・3章

全米音楽学校協会ホームページ(http://nasm.arts-accredit.org/)
カリフォルニア大学バークレー校ホームページ(http://berkeley.edu/index.html)
ペンシルヴェニア大学ホームページ(http://www.upenn.edu/)
インディアナ大学ホームページ(http://www.iub.edu/)
プリンストン大学ホームページ(http://www.princeton.edu/main/)
パートナーシップ・ムーヴメント公式ページ(http://www.partnershipmovement.org/)
ダニエル・ピンク『ハイ・コンセプト——「新しいこと」を考え出す人の時代』(大前研一訳、三笠書房、2006)
マーサ・C.ヌスバウム『経済成長がすべてか?——デモクラシーが人文学を必要とする理由』(小沢自然・小野正嗣訳、岩波書店、2013)
Richard Carrick, Hilary Easton, Jihea Hong-Park, Rachel Langlais, Richard Mannoia "A Personal Relationship to the Art of Music: A Research Project in Progress From the New York Philharmonic's School Partnership Program", *Teaching Artist Journal*, vol.10, 2012
Lisa Lorraine Helen McCormick, *Playing to Win: A Cultural Sociology of the International Music Competition*, Yale University, 2008

第4章

廣川洋一『プラトンの学園アカデメイア』(講談社、1999)
桜井万里子・本村凌二『世界の歴史(5) ギリシアとローマ』(中央公論社、1997)
Kenneth John Freeman & M.J. Rendall, *Schools of Hellas: An Essay on the Practice and Theory of Ancient Greek Education from 600 to 300 B.C.,* The Macmillan Company, 1907.
キティ・ファーガソン『ピュタゴラスの音楽』(柴田裕之訳、白水社、2011)
プラトン『国家』(藤沢令夫訳、岩波文庫、1979)

著者紹介

菅野 恵理子
すがの・えりこ

音楽ジャーナリストとして世界を巡り、国際コンクール・音楽祭・海外音楽教育などの取材・調査研究を手がける。『海外の音楽教育ライブリポート』を連載中（ピティナHP）。著書にインタビュー集『生徒を伸ばす！ピアノ教材大研究』（ヤマハミュージックメディア）がある。上智大学外国語学部卒業。在学中に英ランカスター大学へ交換留学し、社会学を学ぶ。一般社団法人全日本ピアノ指導者協会勤務を経て現職。ピアノを幼少・学生時代にグレッグ・マーティン、根津栄子両氏に師事。全日本ピアノ指導者協会研究会員、マレーシア・ショパン協会アソシエイトメンバー。

ハーバード大学《だいがく》は「音楽《おんがく》」で人《ひと》を育《そだ》てる
21世紀《せいき》の教養《きょうよう》を創《つく》るアメリカのリベラル・アーツ教育《きょういく》

二〇一五年八月三一日　初版第一刷発行
二〇二二年八月二五日　初版第八刷発行

著者　菅野恵理子　© Eriko SUGANO 2015
発行者　鈴木茂・木村元
発行所　株式会社アルテスパブリッシング
〒一五五－〇〇三二
東京都世田谷区代沢五－一六－二三－三〇三
TEL　〇三－六八〇五－二八八六
FAX　〇三－三四一一－七九二七
info@artespublishing.com
https://artespublishing.com
装丁　奥野正次郎（POROROCA）
印刷
製本　シナノ書籍印刷株式会社

ISBN 978-4-86559-125-5　C1073　Printed in Japan